eye

守望者

—

到灯塔去

Ein geträumtes Leben
Ein Gespräch mit Sieglinde Geisel

想象的生活

与阿尔维托·曼古埃尔对谈

〔加〕阿尔维托·曼古埃尔
〔瑞士〕西格林德·盖泽尔 著

王青羽 译

南京大学出版社

EIN GETRÄUMTES LEBEN: Ein Gespräch mit Sieglinde Geisel
by Alberto Manguel
© 2021 by Kampa Verlag AG, Zürich
c/o Schavelzon Graham Agencia Literaria
www.schavelzongraham.com

Simplified Chinese translation © 2025 by NJUP
All rights reserved.

江苏省版权局著作权合同登记　图字：10 - 2023 - 105 号

图书在版编目（CIP）数据

想象的生活：与阿尔维托·曼古埃尔对谈 /（加）阿尔维托·曼古埃尔，（瑞士）西格林德·盖泽尔著；王青羽译. -- 南京：南京大学出版社，2025.8. -- ISBN 978 - 7 - 305 - 29292 - 7

Ⅰ. K835.225.6

中国国家版本馆 CIP 数据核字第 2025TD2052 号

出版发行	南京大学出版社
社　　址	南京市汉口路 22 号　　邮　编 210093

XIANGXIANG DE SHENGHUO: YU A'ERWEITUO MANGU'AI'ER DUITAN

书　　名	想象的生活：与阿尔维托·曼古埃尔对谈
著　　者	［加］阿尔维托·曼古埃尔　［瑞士］西格林德·盖泽尔
译　　者	王青羽
责任编辑	付　裕
照　　排	南京紫藤制版印务中心
印　　刷	南京爱德印刷有限公司
开　　本	787 mm×1092 mm　1/32　印张 6.875　字数 101 千
版　　次	2025 年 8 月第 1 版　2025 年 8 月第 1 次印刷
ISBN	978 - 7 - 305 - 29292 - 7
定　　价	58.00 元

网　　址：http://www.njupco.com
官方微博：http://weibo.com/njupco
官方微信：njupress
销售咨询：(025)83594756

* 版权所有，侵权必究
* 凡购买南大版图书，如有印装质量问题，请与所购
　图书销售部门联系调换

爱丽斯大笑。"我不试,这才没有必要呢,"她笑道,"荒谬的事物不能相信。""你可能是缺少恰当的练习,"王后告诉她,"我在你这个年纪,每天花费半小时练习。现在,从早餐前直到晚上六点,对于种种不可思议的事物,我早已见怪不怪。"

刘易斯·卡罗尔,《爱丽丝镜中奇遇记》

目　录

序 ………………………………………………… i

一段如同在修道院里的时光 ………………… 1

讲一讲阅读的历史 ……………………………… 5

艾琳和我的童年 ………………………………… 12

时间奇迹 ………………………………………… 28

好运难得 ………………………………………… 32

读书先生 ………………………………………… 41

跳转的身份 ……………………………………… 46

生活和语言 ……………………………………… 52

向博尔赫斯学习 ………………………………… 65

生命中的但丁 …………………………………… 73

像考古学家一样阅读	88
成为世界公民	96
何处是故乡？	104
蒙迪翁的图书馆	112
书中有书	125
实体书	128
文学和治愈	135
讲故事的动物	143
宗教里的想象	151
父　亲	155
母　亲	160
阿根廷国家图书馆馆长	164
阅读的能力	180
最后一页	186
里斯本图书馆	191
疫情何时休	197
新篇章	201
作者生平及作品	205

序

西格林德·盖泽尔

"啊,阿尔维托·曼古埃尔?他是只为书籍写书的作家。"我在普伦茨劳贝格①的圣乔治书店向店员订购阿尔维托·曼古埃尔的书时,店员如此说道。自《阅读史》(*A History of Reading*)出版以来,"阿尔维托·曼古埃尔"这个名字已经成为一个与阅读密不可分的概念。这本书于1996年出版,我迫不及待地将它读完;一本为阅读而写的书,我仿佛等待已久。这种感受并非我独有:凭借此书,阿根廷裔加拿大人、世界居民阿尔维托·曼古埃尔一夜成名,《阅读史》成为当年畅销书并被翻译成三十五种语言。

---

① 德国柏林一个充满历史和多样性的区域。(如无特别说明,本书脚注均为译者注。)

阿尔维托·曼古埃尔可能是世界上"最多产"的读者：1980年，他和詹尼·瓜达卢皮①共同出版了《想象地名私人词典》(*The Dictionary of Imaginary Places*)，一部为虚构文学而写的导读作品。以此为起点，曼古埃尔编撰的多部文集、大量有关文学及阅读的书写，以及五部长篇小说陆续面世。他在自己的许多作品中讲述了人与书的偶遇，包括讲述他如何失去图书馆的《封存图书馆》(*Packing My Library*, 2018)，关于但丁《神曲》的《好奇心》(*Curiosity*, 2015)，还有关于阅读隐喻的《游客、塔、蠕虫：读者隐喻》(*The Traveler, the Tower, and the Worm: the Reader as Metaphor*, 2013)。

他的书写绝不是充斥着理论的文艺批评，而是人与书籍之间绵延不绝的对话，往往跨越数十年。2016年至2018年，阿尔维托·曼古埃尔就任阿根廷国家图书馆馆长。这个职位在数十年前属于豪尔赫·路易斯·博尔赫斯。20世纪60年代，少年曼古埃尔曾为博尔赫斯朗读。

为了完成这本对话集，阿尔维托·曼古埃尔最初与

---

① 詹尼·瓜达卢皮(Gianni Guadalupi, 1943—2005)，意大利作家、译者与编辑。

我约定在2020年5月于苏黎世见面,然而疫情使得所有出行计划搁浅。于是,从那年4月起,我们开启了线上交谈。纽约,上午九点,阿尔维托在他的办公桌前;另一头是我,下午三点,在柏林。对话的推进过程中,阿尔维托两度迁居。纽约成为一个危险的城市,阿尔维托患有基础疾病,如果留在纽约就诊,感染风险很高。于是在夏季到来之前,他和克雷格·斯蒂芬森前往蒙特利尔,接着,9月又前往里斯本。里斯本市市长为曼古埃尔传奇般的图书馆提供了新的家园。至此,2015年之后一直保存在蒙特利尔的四万册图书,得以藏入里斯本旧城一处古殿中,俨然"阅读史研究中心"文献精华所在。

如果我们二人对坐面谈,对话将会呈现出另一种面貌吗?阿尔维托·曼古埃尔认为"虚拟的当下不等于物理的当下",他说,"在《神曲》中,但丁在试图拥抱灵魂的时候明白了这个道理"。我们二人还从未在物理世界里相遇,却已经在日复一日屏幕前的线上对话里,建立起令人欣喜的相互信任。

如果我们二人对坐面谈,我们的问答内容将会完全不同吗?无人知晓。但有一点是确定的:因为这种无法选择的慢,我们的交流拥有了更多的时间和从容,仿佛是动荡混乱中,难能可贵又不可缺少的喘息。

最后针对本书有两点说明。阿尔维托·曼古埃尔从保姆艾琳处习得第一语言德语。因此在我们的英文对话中,曼古埃尔有时使用德语的概念和成语(本书将以楷体标出)。关于本书行文中的人称代词和词性,在部分篇目中,我使用德语阳性词汇表示"读者""作家"等概念,以保持行文简洁,但这些表达方式实际上面向所有读者。阿尔维托·曼古埃尔的方法是交替使用英语代词 he 和 she,分别指代男性和女性"作家"或"作者"。然而这种语法的暗示在德语版本里有时无法实现。

一段如同在修道院里的时光

早安,阿尔维托!能否问一声"还好吗"?在 2020 年 4 月,疫情蔓延的时候,这样的问候已经让我心有愧疚。尽管如此,我还是想知道:您一切安好吗?

我的生命中总是重复出现这样的时刻:我对自己说,必须有所改变、有事发生,让我得以跳转到另一条轨道上,但这些念头的出现,又令我有些恐惧,毕竟未来不由我掌控。从阿根廷归来两年,我一直希望有所改变。在布宜诺斯艾利斯管理国家图书馆是一段不同寻常的经历,体会过布宜诺斯艾利斯繁忙的社交生活后,我对曼哈顿小屋中的宁静充满渴望。然而,并非人人都是斯蒂芬·金或是埃莱娜·费兰特。写书的收入无法维持生活,于是我开始讲课并做讲座。

两年来奔波往返于各地,行程的烦琐超过以往任何时候。仅在4月,我就安排了葡萄牙以及巴黎、基辅、米兰和都灵的行程。机场使我厌烦:长时间的等待,不舒适的旅程!卡尔·古斯塔夫·荣格曾讲述他童年的一件小事。他在路上遇到一位叔叔,叔叔问他:"你知道地狱里的魔鬼怎么折磨那些灵魂吗?"小荣格摇头。"让他们等待。"叔叔说完就走了。所以我在候机时想:让我等待,这就是惩罚。

所以您期待变化……

某次候机时,我想:多么希望此刻能在家中陪伴我的书籍。那时我在写迈蒙尼德①传记,这是前往阿根廷之前的一份约稿。此外,我还在写另一本书,书名为《逝者》②,我将在书中潜入亡灵的世界,与我生命中曾经重要但已离世的人交谈。我还有一个隐秘爱好:制作

---

① 迈蒙尼德(Maimonides,1135/1138—1204),犹太和伊斯兰世界的著名哲学家与博学者,是中世纪多产和具有巨大影响力的律法学者之一。
② 书名原文 *Katabasis*,本意为"神灵或英雄人物前往亡灵世界的旅程"。

玩偶。

我一直希望能待在家中做这些事情,但无法实现。接着疫情暴发了。当时我在巴黎,即将在法兰西公学院发表演讲,这是一件令我自豪的事。然而,当我听说美国即将关闭所有接收欧洲乘客的机场入境通道时,我立刻乘坐最近的航班返程。

您的生活发生了怎样的变化呢?

听起来有些矛盾,一方面深居简出,另一方面越发忙碌。由于在外讲学,我的工作计划不得不一推再推。眼下,我终于可以写我的书,时间却很紧迫。清晨五点起床,一天结束后,却感觉自己仿佛什么也没做。

但您的愿望实现了:回家!

终于可以说一说您开头问起的我的近况。目睹身边的恐惧和绝望,尽管我不敢承认,但还是忍不住在心里说,我是幸运的,因为我能够理解病毒给世界带来的痛苦和毁灭。或许可以称之为自私自利的庆幸。我喜爱居家生活。我们的住所与哈德逊河相隔两条大街,过去,我习惯在河边散步,但由于哮喘、糖尿病及其他健康问题,现在已经不那么做了。从3月13日我的生日起,我再也没有离开过住所。感恩自己拥有的每一天。

讲一讲阅读的历史

20世纪90年代,《阅读史》使您成为家喻户晓的作家。写作缘起是什么?

1987年,《纽约时报》曾向我约稿,因为那时我已经编辑出版了几本文集,所以我撰写了一篇关于文学选集的文章。他们对这篇稿子很满意,于是再次约稿。由于我总是首先把自己看作读者而非作者,我问自己:作为读者,我在做什么?我很快意识到,给这个话题三页的篇幅可能太少,至少需要三百页。阅读过程中,大脑里发生了什么?阅读和记忆的关系是什么?为什么我们会默读?成百上千个问题涌现出来。1996年,《阅读史》出版,在全世界大获成功,这也是我至今唯一一本畅销书。

当年，您是为阅读写作的第一人。

90年代初我着手写作的时候，身边有很多关于书籍历史的文献，但其中几乎看不到来自读者视角的观点，除了罗杰·夏蒂埃①文集中关于阅读史的若干学术论文。

我开始了对阅读的探索，却发现自己作为读者完全不知道自己在做什么。写作进行到关于默读的章节，我使用了来自奥古斯丁《忏悔录》的典故。奥古斯丁描写了他在书房偶遇正在读书的米兰大主教圣安布罗斯的场景——"没有一个音节从他的唇边飘出"，安布罗斯阅而未读。从奥古斯丁的惊叹，我们可以推想，默读在那个时代并非普遍现象。

但这个问题还有些更为复杂的地方，因为我们又发现了尤利乌斯·恺撒默读书信的典故。古希腊和古罗马时代没有标点符号，文字以大写字母书写，文字间也没有空格，所以大声朗读有利于辨识词句。这个理论解释了默读未能普及的原因。

---

① 罗杰·夏蒂埃(Roger Chartier, 1945—)，法国历史学家、重要的书史学者，其成就主要在书籍史、阅读史方面。

那时互联网尚未出现,您的研究如何推进?

那时我没有使用电脑写作。当我在写关于奥古斯丁的内容时,突然发现自己并不知道奥古斯丁的外貌。写作需要这样的细节,我需要书内插图。为此,我和克雷格找遍了图书馆,翻遍了旧书市场,拷贝图片,追逐源头。此时此刻,偶然性就是一位奇迹队友。我们在法国一所博物馆里参观来自德累斯顿国家艺术馆的精品绘画时,我发现了古斯塔夫·阿道夫·亨尼希①的一幅人像画:绿背景前读书的女孩。我立刻意识到,它将成为书的封面图片。

关于阅读过程,您有什么发现?

阅读,作为一种人类活动,远不止阅读文字,因而存在多种定义:我们阅读图片,阅读地貌,我们还阅读他人的表情,阅读自己内心的直觉。如果将这一概念缩小至文字阅读,那简直就成了千变万化的炼金过程:我们阅读符号,符号表示特定的声音,进而表示特定的理念。反过

---

① 古斯塔夫·阿道夫·亨尼希(Gustav Adolph Hennig,1797—1869),德国历史画家、肖像画家、版画家。

来同样成立:理念由声音表达,声音由符号表达。

这是一个复杂的过程。假设我想写"我读"这两个字,我写下字母的同时,脑海里会响起字母的读音。但如果是您读到"我读"这两个字,您大脑的思维过程可能与我在书写时完全不同。您会想象自己拿着书舒服地坐在家中的沙发上;而我却曾在书写时思考抽象的阅读过程,这样的思考定义了我的身份。

在符号的书写和接受之间,存在一个认识论上的空缺。作家作为符号的书写者,一旦完成书写,就消失了。当您打开书本阅读时,我不会在您身后注视,唯有书页上的文字,意义悬而未决。

阅读过程中,我们的大脑里发生了什么?

这是一个生理过程:大量神经元被激发,形成连接。相互连接的神经元网络遍及大脑诸多不同区域,多得无法追溯其源头。神经科学家玛丽安娜·沃尔夫曾在英国《卫报》上撰文,描述了只做屏幕阅读的儿童的大脑活动。疫情期间,儿童看屏幕的时间远多于以往,于是他们的大脑发生了明显的变化。变化不一定是坏事,因为人的大脑始终处于变化之中。但如果大脑特定区域的功能受限,那就是有害的。与屏幕阅读相关的神经通路,相较于理解文字,在读图时更加活跃。也就是说,图像理解力的发展是以损害文字理解力为代价的。

在《阅读史》的最后一章,您提到这本书还未完成。

完成所有章节后,仍有很多原本计划要写的内容没有写出。那时电子媒体兴起,事物瞬息万变:上午的内容,下午已经过时。所以我在书的最后一章写道:"我可能写了一段阅读的历史,但真正的阅读史仍有待书写。"

这本书非常能让读者产生代入感。

我曾把书稿寄给加拿大的朋友斯坦·佩尔斯基,一位哲学家,他读后告诉我,内容是有趣的,但是还缺少什么。斯坦的原话:"你的声音不在场,不在你所有的讲述之中,例如你和博尔赫斯相识的经历。如果你不向我讲述你的童年阅读经历,我就无法以自身的童年经历与其比较,那么我也就无法与你的书建立联系。你必须将自己放入这本书。"

此前，我不愿意使用第一人称单数，但那时我通读了全书并把自己放入其中，于是就有了现在大家所看到的《阅读史》。

为什么不愿意用"我"呢？

这源于童年的经历。罗伯特·路易斯·史蒂文森的《金银岛》让我第一次体验到作为读者的失望。当我发现小说里的"我"——吉姆·霍金斯并非封面上署名的作者时，我震惊了。我想：怎么可以在讲故事的时候宣布这是我，可实际上并不是？那时我的感受就如同现在您突然宣布：我不是西格林德，我叫约翰·史密斯。后来，我当然明白这是一种文学视角，然而作为儿童对此的感受很不愉快。

还有另一个原因：我对卡尔·奥韦·克瑙斯高①这样的作家感到恼火。读完二十页后，我不禁要问："为什么我应该对那些琐事感兴趣？没有找到想要的巧克力，

---

① 卡尔·奥韦·克瑙斯高（Karl Ove Knausgård, 1968— ），挪威作家。作品多次获奖，2009 年至 2011 年，克瑙斯高出版了六卷本自传小说《我的奋斗》，获得挪威最高文学奖项布拉哥文学奖。

于是拿了另一块,去了三次厕所,诸如此类。"就像电视里的真人秀。智识的趣味体现在哪里?那是动物园。我认为文学作品不应该变成动物园;就算文学是动物园,我也要拒绝把自己关进笼子供人参观。

但从此之后,您对第一人称的态度改变了。您大部分的书里都使用了第一人称。

是的,现在我常常使用第一人称单数。这么做仅仅是为了给读者提供一个舒适的视角:看,我像你一样坐在椅子上;让我向你谈谈我的想法。仅此而已。我不想向读者透露个人生活的每个细节。

艾琳和我的童年

文学一直位于您生命的中心位置吗?

哦是的,从我的童年开始。那些经历极其不同寻常,然而当时的我毫无知觉。我没有在父母身边长大,自小跟随保姆艾琳生活。我是最年长的孩子,却没有和弟弟们共同生活,所以有些像独生子。

身边还有其他孩子吗?

没有,我和其他孩子没有接触。大人从不带我去和其他孩子玩耍,我不知道原因。

艾琳是怎样的人?

《逝者》的开篇故事留给了艾琳。标题是德语

"Selbstgefühl"——自我感受。这个词我曾在克里斯塔·沃尔夫①的作品中看到,它令我感动,它让我心中再次充满丰富而美妙的念头,构成了我想表达的关于艾琳的一切。即使在最艰难的处境里,艾琳依然坚守着属于她的自我感受,也因此奇迹般地扮演了我的父母和老师。

艾琳是谁?

艾琳来自一个捷克兼德国籍犹太家庭。他们曾经在斯图加特生活,纳粹上台后不久,便被迫逃离。父亲是工程师,家中还有母亲、弟弟和姐姐。艾琳的弟弟加入了英国的抵抗组织,父母带着两姐妹远走南美。然而当他们抵达巴拉圭时,却看到纳粹的旗帜无处不在,因为当政的巴拉圭总统伊希尼奥·莫里尼戈为亲纳粹人士。在这种情形之下,艾琳的父亲自杀,母亲不久离世。艾琳的姐姐嫁给了一个居住在布宜诺斯艾利斯的英国人,她建议艾琳一同前往布宜诺斯艾利斯,并在当地找一份工作。

---

① 克里斯塔·沃尔夫(Christa Wolf,1929—2011),德国当代著名作家,其作品因深刻的思想内涵和新颖的创作手法在德国文学史上占有重要一席。

我的父亲是犹太人，1948年被任命为阿根廷驻以色列大使，那时我刚刚出生。父亲刊登广告招聘保姆，艾琳前来应聘。当年的故事一直在家族中流传。那时，我还是三个月大的婴儿，患有哮喘，在一旁啼哭不止。艾琳说："我不能接受这份工作。"可她已经把自己的护照交给了我父亲，我父亲说："只有您和我们去以色列，我才能把护照还给您。"就这样，艾琳成了我的保姆。八岁前，我一直和她一起生活。

艾琳深深地归属于一种"德意志文化"（Deutsche Kultur）。她没有皈依宗教，但如果说她有信仰，那也是对文化的信仰。美国存在一种原则性的美式正统、一种民主传统，特朗普似乎试图全力破坏这种美国文化，这一幕也曾在德国发生——希特勒试图以一切手段摧毁德意志文化，然而，它依然存在。

您所说的"德意志文化"是指什么？

艾琳认为，儿童学习地理、历史和数学，记住世界文学中的那些伟大作品，都是理所当然的。此外，她还教会我缝纫、烹饪等技能。德意志文化渗透了艾琳的日常生活。她告诉我,她和家人住在斯图加特时,每周六都前往剧场看戏。出发前,一家人围坐桌旁读剧本、讨论剧情,然后再去观看演出。这些讲述令我神往,因为我从未体验过这样的家庭生活。

艾琳和您如何相处?

她视我为成年人,尊重我的想法,给予我很多鼓励,对待我,就像对待一个成年人。在她看来,孩子和成年人并没有什么不同。我们读过一些作品章节,来自《破瓮记》①,来自《浮士德》,我还背诵过歌德和海涅的诗句。"在俄国被俘的两个近卫兵"②——我一直记得这一句。对艾琳而言,一切都理应如此。

您四岁时发现自己能够阅读。这是怎么发生的?

就这样发生了。艾琳为我读书时,我从她身后看她手中的书。艾琳用德语和英语为我朗读,德语文字使用

---

① 德国戏剧家海因里希·冯·克莱斯特(Heinrich von Kleist,1777—1811)的现实主义代表作。
② 出自海涅的诗歌《近卫兵》,此处为钱春绮译文。

哥特体印刷。我以目光跟随,从容地阅读着那些哥特体或罗马体字母。同样的声音以不同的符号书写;两种符号当然是不同的,比如德语 Katze(猫)的哥特体就不同于罗马体。这种体验让我觉得语言间的转换也是件轻松的事儿。如果以罗马体拼写的 Katze 和以哥特体拼写的 Katze 代表相同的动物,那么这两者也等同于英语 cat、西班牙语 gato 和法语 chat。我的大脑为这种语言间的转换做好了准备。心理学已经证明,六岁前已经习得两种语言的儿童,可以更轻松地习得更多语言。他们的大脑里存在一条以上的语言路径;当两条语言路径得以并存,其中任意一条便可以进一步分化,于是就有了无穷无尽的可能。

意识到自己能够阅读的那一刻,您还记得吗?

我记得很清楚。那天我们乘汽车穿过特拉维夫。我在车窗外看到一块广告牌,不是希伯来语,而是英语——特拉维夫有很多英语海报,突然间,我发现我读懂了广告牌上的英语。我能够阅读了!如同在人物剪影测试中突然认出一张脸。咔嗒一声,魔法时刻开启:我可以看懂词的意义。我觉得自己是个魔术师，能够将墨迹变成词语，再也不需要等艾琳有空闲或兴趣为我朗读时才能知道接下来的故事。拿起书本自己阅读。噢，这感觉我太喜欢了！

在您的童年，阅读有怎样的意义？

我很小的时候就已经理解，外部世界，也就是我自身之外的世界，也存在于书本之中。那时我已经有了旅行的经历，于是我就能够将书本中描写的旅行与自己和艾琳的旅行做比较。当我读到一则关于友谊的故事，我想，这是一种人生的可能，也许有一天我也会经历。当我读到死亡，我想，这也将会是我的命运。我所感受的真实往往是书本中的真实，是文字构成的真实。

您也曾将自己代入那些角色吗？

哦是的，或多或少，以各种方式。我曾经非常投入地将自己代入小红帽，我感觉到，她的不顺从源自一种对独立的需求。如果缺少这种不顺从，故事也将不复存在：小红帽径直到达外婆家，留下蛋糕，故事一句话便可结束。

我还曾把自己代入小穆克①,代入卡斯伯勒②,还会代入那些黑暗的事物。《一千零一夜》中有一个黑岛王子的故事,王子被不忠的妻子欺骗,并且被其施法,半身化为石柱。不忠的妻子与黑奴偷情,为泄愤,每日鞭打石化的王子。③ 我觉得这很有趣,虽然不知道为什么,也许我体内曾有过一丝暴虐的特质。

我印象最深的格林童话之一,叫作《强盗新娘》。故事里有一个可怕的场景,强盗们把女孩带回他们的巢穴,准备杀死她。女孩被迫喝下白色、黄色和红色的三杯葡萄酒,葡萄酒使她的心脏破裂。强盗们砍下死去女孩的一根手指,为的是拿到她的戒指。这截手指蹦入一只木桶,真正的新娘就藏在里面——手指最终证实了强盗们的罪行。这个故事使我恐惧,然而我又无法抗拒它,读了一遍又一遍。

---

① 小穆克是德国童话故事《小穆克》中的人物。作者威廉·豪夫(Wilhelm Hauff,1802—1827)是19世纪德国著名小说家、诗人,他的童话作品被译成多种文字,在世界各地广为流传。
② 卡斯伯勒是德国童书《卡斯伯勒去旅行》中的主角,故事讲述了获得生命的小木偶卡斯伯勒去远方世界探险的故事。作者约瑟芬妮·泽贝(Josephine Siebe,1870—1941)是德国童书作家、编辑。
③ 见《一千零一夜》之《石化王子、不忠王后和黑奴》。

您在童年时怎样选择书籍？

艾琳为我读童话，她还会给我一些书，例如《一千零一夜》或《安徒生童话》。可那时我不喜欢《安徒生童话》，因此我没有看这本书。

安徒生的童话根本不是写给儿童的。

好吧，那么什么是写给儿童的呢？

艾琳决定您应该读哪些书吗？

艾琳从不检查我读的书。她也从未说出"这不是你看的书，这是大人的书"这样的话。艾琳阅读最新的畅销书，我曾在她的桌上看到格雷厄姆·格林的《恐怖部》，一本谍战惊悚小说，我拿起书就开始阅读。我没有儿童文学的概念；我仅区分有趣和无趣的书。

艾琳有时带我去使馆附近的书店。书架高处无法触及，但在低处的架子上，可以找到我期待的书。我的图书馆里至今还收藏着哥特体印刷的两卷本《格林童话》，书里的插图风格阴森。

您一边读童话，一边踏入属于大人的文学世界，您是如何应对的？

有些书我喜欢，还有些则不然。儿童总是带着编辑的目光读书：他们在头脑中修订、重组故事，删减无趣的内容，改变不合适的修辞，重写不合理的情节。这类小说中有几本我后来打算重读，结果发现它们实在太糟糕了。今天，我阅读书页上实际印刷的内容，而当年作为儿童，我读的是我希望出现在书中的内容。

童年时期，您也有玩耍的经历吗？抑或仅仅是阅读、和艾琳交谈？

艾琳和我玩一种飞行棋游戏——鲁多棋，我并不十分喜欢，可除此之外没有其他游戏可玩。某一年圣诞，我收到了一套纸质动物模型。我在地下室花费好几个小时搭建巨大的场景。搭建完成后，我就将动物模型重新放回盒子里，因为游戏的乐趣在于不断地搭建。这个习惯一直延续至今：我将物品收纳得井井有条。

您从来没有机会和其他孩子玩耍吗？

在特拉维夫生活期间，母亲的一位姐姐孀居，她与我们在大使馆共同生活了几个月。我的姨妈有两个孩子，稍稍比我年长：女孩六七岁，男孩大约九岁。那是我第一次与同龄孩子交往。我发现，我们可以演绎故事里的情节。比方说，我曾请求我的表兄排演《爱丽丝漫游奇境记》。他有一张包含迪士尼版《爱丽丝漫游奇境记》的歌曲的唱片，我们在歌声里奔跑着，我演兔子，表兄扮演千足虫，表姐是爱丽丝。游戏令我感觉新鲜，它属于一种戏剧表演，总是与文学有关。

您对艾琳是一种什么感情？您爱她吗？

是的，我爱她。我一直爱着她。我和父母的关系很疏远。他们说西班牙语和一点法语，而我说英语和德语，所以我和我父母之间没有可以交流的语言。西班牙语我只会说两句："早上好，先生。""早上好，女士。"我曾被带到父母那里，然后我说了那两句话，我笑了，他们也笑了。

我的家庭有许多奇怪的地方。我母亲对于德意志文化有一种狂热，然而她对文化本身却一无所知，对德语同样一无所知。直到很久之后我才理解,她作为犹太人在战后以这种方式迷恋着德意志,有多不同寻常。艾琳带我去约旦,去威尼斯,去巴黎,有时我母亲在那里和我们碰头。有一次,母亲决定在德国停留六个月。您知道她和我们去了哪里吗?加米施-帕滕基兴①——一个非常符合阿道夫·希特勒审美的地方,这就像在法国,有人要前往维希②一样。但我喜欢这个小镇。清晨街道上的牛蹄声伴着铃声远去,我们居住在一间漂亮的临溪旅店,男人们穿皮裤——我喜爱这一切。可我一直不能理解,为什么母亲没有看到这里和纳粹曾经的关系。

艾琳在特拉维夫有朋友吗?

她只有一位女性友人,德裔犹太人,集中营的幸存者,之后移民去了以色列。艾琳从不提纳粹。"二战"是历史的一部分,但我们从不讨论它,我们最终停留在 19

---

① 位于德国南部巴伐利亚州的城市,1936 年,第四届冬奥会在此举办。
② 法国中部阿列省管辖的一个城镇。1940 年到 1944 年,它是被纳粹德国扶植的维希法国政权的实际首都,但它亦是一个水疗及度假城镇。

世纪。艾琳的女友手臂上有一处数字文身，艾琳提前叮嘱我："你会看到她手臂上有一个数字，不可以问那是什么。"我也从不敢问为什么不能提问，但我隐约能够理解这是一个禁忌。她是艾琳唯一的朋友，在她之外，艾琳对我全情投入。

艾琳的年龄？

艾琳1914年出生于富尔达河畔罗滕堡，从1948年起成为我的保姆，那时她三十四岁。

您和艾琳之间是一种怎样的关系？她像母亲一样吗？

艾琳如父如母一样待我。在她身上可以看到母亲、父亲，以及我们能想到的所有家人的影子。

同时她是您的老师。

的确，几乎就是。艾琳教我变戏法。我们一同探索世界：通过读书体验人生，然后进入现实寻找这种体验。总有人问我：这难道不是一种不幸的生活吗？完全不是。

我拥有一个人二十四小时的陪伴,她是我所接触的全部的成人世界——她也从不以俯就的姿态对我。艾琳从不使用儿童语言与我交谈,她无比耐心地回答我的所有问题。她常说:"这我不知道。让我们去查阅。"这句话已经刻进我的身体,融入我的血液:我每天有二十种事物需要查阅,因为我不了解它们。这是属于我的游戏。

尽管如此,我还是会惊叹,您虽然没有童年玩伴,但您的童年是幸福的。

我记得那时每天早晨在愉快的期待中醒来:今天我们干什么?今天我们读什么?我快速吃早餐,这样可以快些开始上课。有时,艾琳带我去使馆附近的漂亮公园。围墙后最先看到玫瑰和夹竹桃花丛,后面连接着沙丘上的荒野,一直通向大海。沙丘上生活着大海龟,我可以骑在它们背上——我喜欢这些海龟。

艾琳没有责备过您吗?

我不记得艾琳对我有过惩罚。有一次,我把玩具猴子放得太过靠近电灯,结果它的一只爪子被灯烧焦了。

第二天,艾琳告诉我这样有多么危险,但她没有惩罚我。艾琳与我定下了需要遵守的规则。克雷格有时会对我说,"现在完全是艾琳在说话",因为我记得艾琳说过的那些德语谚语:当我企图偷懒省时间,她会说"线绳长,懒婆娘";应该打扫房间或完成作业时,艾琳就说"奶牛必须挤奶"。有时她想说"如果你不想,总能找到借口",但她从不勉强,从不说"你必须做"。

遵守日程已经是我的习惯。如果必须交稿,即使很累或者全无灵感,我也会写完稿子。

艾琳一定是一位不同寻常的女士。

她确实是这样的人。然而很奇怪,她自己并未察觉。她深深地信仰着德意志文化,同时缺乏幽默感。我这一生还没有见过如此缺乏幽默感的人。我父亲曾带回一台电影投影机,于是我们一起观看查理·卓别林或劳拉与哈代[①]的电影。那是个有些奇特的场景:父亲一边给我们放电影,一边和我还有弟弟们说话,我们大笑,但我一

---

① 劳拉与哈代(Stan Laurel,1890—1965,Oliver Hardy,1892—1957)是世界喜剧电影史上最出名的二人组合,曾师从喜剧之王卓别林。

个词也听不懂,因为他说西班牙语。艾琳和我大约每月一次与弟弟们相处。我们看电影时,艾琳在我身边坐下,她说:"多么奇怪,那个人没有看到香蕉皮,现在滑倒了!"镜头里的喜剧感完全被她忽略。无论如何,我的理解是,我所拥有的那种感觉——就像我的父亲和弟弟们一样——艾琳是没有的。她很特别。

也许她没有理解那些双关语?

她总是那么直接、那么务实,没有一丝丝感性。她向我讲述过她在斯图加特的生活。他们没有暴露自己的犹太人身份,因此必须接受士兵留宿。一名党卫军士兵住在他们的房子里,然而那个年轻人痛恨纳粹,她仍记得那个士兵回来后是怎样脱下制服,然后在制服上踩踏的。少女时代的经历依然历历在目。后来的形势很清楚,他们必须逃亡,他们的父亲拿到了签证。讲述非常客观。艾琳小时候曾患小儿麻痹症,并在人工呼吸机里卧床一年。我无法想象那是一段多么灰暗的经历,一整年平躺在铅制的圆柱体中,我眼前会出现那个可怕物体的幻象。但艾琳极其客观地描述了她在人工呼吸机里度过的时间,没有"我必须忍受""我很可怜"或其他此类的言辞。

您难道没有感情上的缺失吗?

我从一开始就知道,我们与众不同。但是父母不必和孩子一致。他们只需要允许孩子成为他想成为的自己。这一点艾琳做得很出色。

时间奇迹

疫情大流行期间,您读了哪些书?

我读了很多书,关于疫情,关于那些无奈之中无法离开原地的人,例如德梅斯特①的《在自己房间里的旅行》、丹尼尔·笛福的《瘟疫年纪事》②和曼佐尼③的《约婚夫妇》。在上述这些书当中,都可以发现一种被改变的时间感受。疫情汹汹,死亡近在咫尺,人面对这样的处境,很

---

① 萨米耶·德梅斯特(Xavler de Maistre,1763—1852),出身贵族,投身军旅,1790 年因为一场决斗被罚禁闭家中 42 天,并在此期间以玩票性质写成《在自己房间里的旅行》一书,1795 年该书出版后成为畅销书,开了此种另类游记的先河。
② 《瘟疫年纪事》是丹尼尔·笛福在 1722 年出版的一部历史小说,背景是 1665 年大疫情袭击下的伦敦城。
③ 亚历山德罗·曼佐尼(Alessandro Manzoni,1785—1873),意大利诗人、小说家。其代表作《约婚夫妇》以 17 世纪早期米兰暴动、三十年战争和大疫情为背景。

显然会有一种不同于平常的时间感受。人们普遍会有一种想法,想在此时为自己创造一个空间,就像《鲁滨逊漂流记》里的情节那样。

或者像豪尔赫·路易斯·博尔赫斯的小说《秘密的奇迹》。一名捷克剧作家被纳粹逮捕并将被处决,但他还有一部未完成的戏剧。当他步入刑场,行刑队已经在那里等待,于是他乞求上帝给他时间完成他的作品。他注视着那些即将射杀自己的士兵,发现他们凝固了,上帝给予他时间,允许他在大脑中完成戏剧。剧作家想象着剧情的展开,直到最后一幕,甚至一个行刑士兵的容貌都化作作品中的一个人物。当他找到最后一个词语,子弹穿透他的身体。

在有关疫病和隔离的文学中,我们随处可以看到这种新的时间感受带来的奇迹。

在这一场真实的疫情大流行当中,您看到时间奇迹了吗?

它会在最坏的情形下产生。我非常清楚,许多人在疫情大流行期间度过了一段可怕的时光。人们甚至找出了当年集中营的故事。"二战"时期,法国女哲学家西蒙娜·薇依和她的父母被安置在卡萨布兰卡附近的难民营中。从早到晚,她坐在一把椅子上写作,那是仅有的几把椅子中的一把。当她不写作的时候,父母与她轮换使用这张椅子,这样他们的女儿在需要坐下思考时,才不会失去那个座位。

在那些最黑暗的时刻——历史上不乏这样的时刻,救赎只有一个:依靠我们的智慧让想象力飞翔。这不是肉体的救赎,而是人格的救赎。一些人在集中营里失去了人格的知觉,他们像僵尸一样走来走去,人们叫他们活死人。为了避免这种情况,我们必须让想象力活着。

集中营里的普里莫·莱维曾试着用但丁的《神曲》教一位法国青年意大利语。在其中一个章节里,但丁看到奥德修斯把他手下的兄弟们聚集在身边,对他们说:

> 想一想你们的出生;你们不是

生来去过野兽的生活,

而是要去追求美德和知识的。①

这诗句所描述的就是那一种极其艰难的险境。

---

① 出自《神曲·炼狱篇》第二十六歌(朱维基译,上海译文出版社,2011年)。"奥德修斯"即《神曲》中的"尤利西斯"、荷马史诗《奥德赛》的主人公。

好运难得

像这次疫情大流行这样的情景,我们的社会此前还从未经历过。

每次发生这类事件,我们都认为它是独一无二的:"这从来没有发生过!我们该怎么办?"这样的情况每一代人都会遭遇,只是表现各不相同。可怕的事件接二连三地发生:得克萨斯州有一座"儿童集中营"①,由特朗普下令兴建——那里的儿童经历了什么?土耳其边境的叙利亚难民以及希腊小岛上的难民又经历了什么?人类经历过很多苦难,而眼下这一次,就是疫情大流行。与早期的灾难相比,唯一的区别是,这场大流行无处不在,这在

---

① 指美墨边境的移民儿童收容所。

以前是不可能发生的。在互联网出现之前,我们很难知晓别处发生的事件。

我们俩的条件已经足够优越,能够安然度过"停摆期"。您如何看待这种优越?您很清楚,疫情大流行,许多生命岌岌可危。

您在吃面包时,其他地方的孩子们在挨饿,知道了这些,您该如何面对?我不知道应该如何面对。这是人类的命运。

从我的童年开始,这个问题就成为我良知的负担。我在阅读童话时总会想:我怎么才能帮助这可怜的裁缝?我怎么才能帮助这受继母虐待的女孩?世界怎么才能变得更好?从穴居时代开始,在我们决定作为人类聚居后,我们一直都没能建立一个人人幸福、人人感受到公平的社会。在《理想国》中,柏拉图让苏格拉底审视了那个时代所有的社会,却没有一个符合理想。

而民主——柏拉图始终反对,因为他说过:"假如你打算购买一匹马,请相信一个识马人的建议。你不必询问二十个外行的想法。"民主制度下,许多人得以决定他们并不了解的事物。一些理论认为开明君主是最佳选择,但我不要君主,无论他开明与否。

我们创造了许多事物,拥有了许多新的生活方式,但就是一种至少对多数人公平的生活方式,我们还从未实现。

克洛德·列维-斯特劳斯①在《忧郁的热带》里说,人类始终致力于同一项任务——"创造一个宜居的社会"。为什么如此困难?

意大利作家亚利桑德罗·巴里克②将《伊利亚特》重新诠释为一系列女性独白。女性发声,暴力停止。他在引言中说:"这一点我们很难意识到,但我们必须看清楚,我们热爱战争,我们热爱暴力。"

作为人类,我们热爱鲜血,无论是在古罗马的竞技场,还是在现代的拳击场上,无论是成为士兵的渴望,还

---

① 克洛德·列维-斯特劳斯(Claude Lévi-Strauss,1908—2009),法国著名人类学家。《忧郁的热带》记载了他在原始部落里情趣盎然、寓意深远的思考历程与生活体验,是一部促进人类自我了解的人类学、文学杰作。
② 亚利桑德罗·巴里克(Alessandro Baricco,1958—),意大利编剧、演员、导演。小说《荷马,伊利亚特》是作者重述神话之作。

是观看动作电影的激情。巴里克认为,唯一的办法就是用一种更强大的爱替代暴力。但是他没有定义这样的爱。

也许耶稣已经下了定义——"爱邻舍如同自己"①。

可是耶稣也说:"我来并不是叫地上太平,乃是叫地上动刀兵。"②

所以《新约》仅被看作故事。文学的生命在于冲突,因为作为读者的我们,同样喜欢冲突。

不久之前,我试图列出一张喜剧小说清单:它们应该是严肃的文学作品,小说主人公在作品结尾没有死亡,没有令人悲伤的结局。然而要找到这样优秀又令人满意的小说相当困难。

"好看的文学是糟糕的文学",阿尔贝·加缪这样说过。

这句话非常准确,但并非永远正确。我可以列举几

---

① 出自《路加福音》10:27。译文采用《圣经》新标点和合本。
② 出自《马太福音》10:34。

部作品,说明好看的好作品可以实现。

比如呢?

劳伦斯·斯特恩的《项狄传》。科尔姆·托宾的小说《布鲁克林》里写道,人们总是想,"噢,这次会完蛋",然而每次的结局并不坏。此外,威廉·萨洛扬的《人间喜剧》也是一部优秀而令人愉悦的小说。仅此几本。

啊,有了!所有的童话故事,就是大人给小孩讲的那些故事。

童话都有一个快乐的结局,可是儿童并不相信这个结局,他们相信真实的结局。不久之前,我的随笔集《迷人怪物》(*Fabulous Monsters*,2019)英文版出版,德文版由迪欧根尼出版社出版。这本书讲述了我最喜爱的文学人物,例如睡美人。《迷人怪物》讲述了真实的故事。多年之后,睡美人醒来了,然而容颜老去,不再美丽。她已经变成了老太太,头发灰白,牙齿脱落,她的王子对她不再忠诚。儿童还无法用语言表达这一切,但我认为童话并非快乐的故事。它们是伟大的文学作品,讲述了我们内心深处的恐惧。我们得以在童话中体验黑暗,却不必亲身经历这些黑暗。

恰恰是因为有一个快乐的结局,我们才能接受这些故事。神话学者约瑟夫·坎贝尔[①]**在其著作《千面英雄》里提出了原型英雄之旅的理论。根据坎贝尔的理论,英雄在冒险中完成个人转变,进而归来成为社会革新的力量。**

我认为约瑟夫·坎贝尔的理论并不正确。英雄通过漂泊的经历学习,完成了个人的转变,并且能够实现他所在社会的革新。但如果细读这些故事,就会发现变化实际上没有发生。《吉尔伽美什史诗》讲述了一个暴君的故事。吉尔伽美什遇到了兽人勇士恩奇都,他们成为朋友,结伴冒险。后来恩奇都死了,吉尔伽美什试图从冥界把他找回。但是吉尔伽美什回到他的国家后,是否成了一位好国王,我们不得而知。不存在绝对的好国王。坎贝

---

① 约瑟夫·坎贝尔(Joseph Campbell,1904—1987),美国著名比较神话学家,也是一位极具启发性的导师、演说家和思想家。《千面英雄》是其成名作及代表作之一。

尔实现社会革新的英雄理论,并没有得到证明。

我们把文学视为一种虚构的经历,但是我们的社会缺乏从这些经历中学习的意愿。我们忘记了过去的教训。文学为我们创造新的经历——然后我们把它忘记。合上书本后仅留下遗忘。文学的目的,就是提醒我们记住屡次被我们遗忘的东西。荷马说:"上帝让人遭遇不幸,然后我们书写不幸。"

这可能意味着,文学需要苦难。

这是一幅古老的画面:漫画里的艺术家是忧郁的,一贫如洗,饥肠辘辘,除了满腹辞藻,一无所有。情况并非如此:萨默塞特·毛姆是百万富翁,J. K. 罗琳凭借她的小说过上了富裕的生活,等等。人不需要以贫穷保持创造力。这种设想很危险,因为它会让全社会以为,不必资助艺术,因为艺术家终归会完成他们的作品。在特定的情况下,确实如此——但不能理解为,诗人不必吃饭。

为什么我们渴望阅读描写苦难的书呢?

相较于幸福,苦难隐含更多秘密。幸福是一条直线,它总是相似的,所以人们从不质疑幸福。相反,如果事情进展不顺,人们就会产生诸多疑问!《约伯记》没有讲述约伯拥有孩子和财富的幸福生活。身陷苦难之中,我们直面拷问:为什么我会受苦?我做错了什么让我落到这样的境地?这是大部分文学作品的深层主题。

我们把幸福看作常态,可实际上恰恰相反。幸福是一种特例。

令人吃惊的是,阅读苦难文学带给读者快乐。

其中所隐含的就是亚里士多德关于"净化"①的观点。并且,您在阅读时之所以感到快乐,是因为知道这种苦难与己无关。这也算一种幸灾乐祸。

除了幸灾乐祸,其中一定还有更多缘故。

动人的文学作品,其内涵从不单一。一部小说包含了许多动人的侧面,以不同的方式带给读者欢乐或悲伤。

---

① "净化"原文为拉丁文 katharsis,亚里士多德《诗学》第六章定义悲剧时的最后一句话是"激起哀怜和恐惧,从而导致这些情绪的净化"。

在书本里,我常遇到一些表述,它们早已在我的脑海里无声地萦回。童年时的频繁旅行使我感到无处为家。肯尼斯·格雷厄姆的《柳林风声》里有一个鼹鼠回到它的地下小窝的场景,那一段描写让我无比渴望回家,我想:"这样的小窝,就是我想要的。"如果您去图书馆,我确信:在某排书架上,会有一本书中的一页或一段,只为您而写。也许这样的邂逅未来才会发生,但文学作品将耐心等待。

读书先生[①]

我在一间英国书店订购您的作品时,店员说:"阿尔维托·曼古埃尔?他是只为书籍写书的作家。"

乔治·斯坦纳[②]称我为"图书馆唐璜"。我还在写《阅读史》时,出版人曾发出警告:"当心,别最后成了读书先生!"我知道自己很可能被贴上"读书先生"或"博尔赫斯先生"的标签,因为在这两个话题领域,我有些名声。

您是谁?这是最简单的问题,同时又是最难回答的问题。

---

① 原文为 Monsieur Lecture,应是"职业读者"的戏谑说法。
② 乔治·斯坦纳(George Steiner,1929—2020),当代英国著名学者。1975年出版的《通天塔之后:语言与翻译面面观》被西方学术界称为"里程碑式的著作",为斯坦纳赢得了世界声誉。

《爱丽丝漫游奇境记》中有这样一个关键场景。爱丽丝落入兔子洞后,忘记了自己是谁,她甚至忘记了像乘法口诀表这样最简单的事情,也背不出半首诗歌。她问自己:"我还是我吗?或者我是玛贝尔?"玛贝尔是爱丽丝的朋友,住着简陋的房屋,人也有些愚笨。爱丽丝说:"我不要做玛贝尔。可我是谁?"她想出了一个绝妙的解决办法:在洞底等待,直到有人叫她。"然后我会问那个叫我的人'我到底是谁',那个人会告诉我答案。如果我记起了我是谁,我就上去,如果没有,我将一直待在这里,直到成为另一个人。"

在今天的美国我居住的地方,人们越发感受到种族主义的根深蒂固,通过肤色定义一个人。在美国,我可能会说"我在和一位黑人记者交谈",但我可能不会说"我在和一位白人记者交谈"。因为白人是标准,处在层级的顶端。在加拿大,如果您是塞内加尔人,我不会说"我和一位黑人记者交谈",而是说"我和一位塞内加尔记者交谈"。但如果我是美国人,我会说"我和一位黑人记者交谈"或"我和一位拉丁裔记者交谈"之类的。人们可以淡化这些标签,于是他们使用"非裔美国人""墨西哥裔美国人"或"华裔美国人"这类表达。可他们想表达的就是："您和我们不一样。"身份的定义来自社会,从出生那一刻起,我们就被打上了身份的烙印——"白人""黑人""华人"。

关于社会给予我们的身份烙印就说这么多吧。您问我是谁,这个问题包含着独特且深深隐藏的意义,我想说:这是一个持续的过程。从第一次拥有自我意识,我就感知到自己在日复一日地"定义自我"和"习得身份"。所以,如果问"我是谁",我回答:"正在学习。"

英国作家弗朗西斯·斯巴福德①有一本书叫《小书痴》。这个书名可以用作您的自传标题。

很多读者都曾和书本相伴度过自己有趣的童年。《阅读史》被翻译成三十五种语言出版后,我收到了全世界的读者来信。那些来自索马里或挪威的信里写道:"这就是我的童年,我有过相同的经历。"读者构成了一个庞

---

① 弗朗西斯·斯巴福德(Francis Spufford, 1964—),英国作家,皇家文学学会成员。其作品《小书痴》通过回忆,探讨儿童在不同阶段的阅读行为和心理,思考文学在塑造儿童心灵方面的巨大作用。

大的共同体,即使其中的每一个都认为自己是孤单的。人们通常认为:"这是个别现象,这样的事不会发生在其他人身上。"但他们突然发现:"噢,原来还有很多人都是这样。"

前面提到,1996年出版的《阅读史》,是第一本从个人角度探讨阅读艺术的书。今时今日,回忆录已经成为一个独立的文类,就像《人生升华,只因读过简·奥斯汀》或《祖母常读的睡前读物》这种风格的书。优劣不论,书至少证明了一个读者共同体的存在。他们让我联想到犹太传统里的三十六义人①,因为他们,上帝才没有毁灭世界。

儿时的阅读经历对您成年之后的阅读产生了什么影响?

童年的阅读经历始终影响着我,它塑造了我。如果用一个词回答您提出的"我是谁"的问题,我会说"读者"。

---

① 指体现犹太教理想的人。

哪类书的读者?

无所不读。在《堂吉诃德》开头,米格尔·德·塞万提斯说,他是那种街上捡到的碎纸片都要读一读的人。我从未停止阅读,无论在床上、火车上、厕所里,还是在午饭时。如果不与他人交谈,我总是拿着一本书,如果没有书,我就看一看燕麦粥包装上的文字。这是我和世界的关联。我在《可以阅读的图像》(*Reading Pictures*, 2000)这本书里提到了这样一个观点:没有故事阅读就没有图像阅读。故事在我们的思维中形成,在眼前的图像里浮现。

跳转的身份

回答"您是谁"这个问题,您也可以说:"我是加拿大人。"您从 1988 年起持有加拿大护照。

在加拿大,我被当作加拿大人,在阿根廷,我被看作阿根廷人,在欧洲,我是在不同身份间跳转的人。举个例子,假设要找阿根廷或加拿大国籍且为犹太裔的学者,那么我就是犹太人。但我仅接受这个身份作为学术选择的依据。在精神感官层面,我是犹太人,或是希腊人,或是德国人、意大利人,没有差别。我希望自己是阿拉伯人,那挺有趣。

您与阿拉伯世界或伊斯兰教信仰的关系是怎样的?

哲学和诗学的结合产生了迷人的魅力。据我所知,还没有其他文化能够将两者以如此深刻的方式连接：思想通过诗的语言成为观点。我在研究阿拉伯人的宗教观念，那是一条通过古希腊思想走进伊斯兰教信仰的路径。因为我自身从未皈依宗教，所以对于刻板的教义，我并无兴趣。

国籍或宗教的身份是由外部、社会赋予我们的，它们对您的意义是什么？

犹太人、加拿大人、德国人——这些是我所接受的身份标签，因为它们对我有意义。但我并不认为同性恋者可以作为身份标签。我认为，性行为或性取向不能决定我们是谁。这个身份的意义半径太窄，无法涵盖性别特征的每一处细微变化。即使我们认为自己是极端纯粹的异性恋者（这种人可能并不存在），抑或认为自己是极端纯粹的同性恋者（极其稀少），但在这两者之间依然存在大量不同的倾向。就如同您吃素食，不喜欢黄瓜和胡萝卜，但偏爱土豆，可另一位素食者唯一喜欢的就是土豆。多年前，克雷格和我编辑一本同性恋文学作品集，我们从一开始就很明确，形容词"同性恋"修饰的是作品描写的对象,而不是作者。文集叫作《同时,在森林的另一处》(Meanwhile, in Another Part of the Forest,1994),副标题非常清楚——"从三岛由纪夫到艾丽丝·门罗的同性恋故事"。

爱德华·阿尔比①**常说:"我不是同性恋作家,只是一位作家,恰巧是同性恋。"**

难道它很重要吗?萧伯纳是素食者。您会说"萧伯纳是一位素食作家"吗?博尔赫斯曾经调侃:"如果要这样形容,那么长老会单车骑行这样的说法也可以接受了。"

今天人们依然在为这些定义激烈地争论。作为白人女性,我有权利写作黑人相关主题吗?所有关于"文化挪用"的讨论,都与您的观点背道而驰。

这样的讨论违背理性。之所以持保留态度,是因为我对种族主义、厌女主义、宗教狂热、同性恋狂热等倾向反感。然而反感没有汇成一种有益的思想自觉,让我们

---

① 爱德华·阿尔比(Edward Albee,1928—2016),美国荒诞派剧作家。

意识到非正义的存在，反而顺从大环境的规则，衍生出了更多的偏见：人们以偏见应对偏见。在美国，对抗种族主义的方式就是死死坚持种族概念。

我想，偏见首先体现在语言上：如果有人给一个事物贴标签，却对事物本身包含的各种矛盾只字不提，那就是在助长偏见的形成。我第一次在美国医院就诊的经历，曾让我非常愤怒：我需要填写一张表格，上面有"种族"一栏！于是，我勾选了"其他"，并写上"人类"。一个试图战胜种族主义的社会却把自己建立在种族概念之上，简直闻所未闻。

我似乎觉得，如果没有这个概念，我们就无法谈论种族主义。

正是种族概念形成了种族主义。如果您被定义为与我不一样，我就可以说："因为我认为自己是好的，所以您是坏的。"不公正的奴隶制度就是后果之一，人们以肤色定义另一些人，这个标签恣意妄为。

加拿大是一个极其多元的社会。我的女儿蕾切尔六岁时在多伦多入学，她放学回家后，向我们讲述了新朋友萨拉的各种事情。萨拉这样，萨拉那样，我们知道萨拉吃了什么冰激凌，知道她有一只小狗——我们知道有关萨拉的一切。最后直到萨拉上门找蕾切尔玩耍时，我们才知道萨拉是黑人，她的父母来自塞内加尔。蕾切尔没有肤色人种的概念。多种族裔背景的孩子和她同处一个班级，区分肤色对她来说有点荒唐。她从未提起过，因为这不重要。

围绕"黑人的命也是命"发生的那些示威游行和争论，您如何评价？

一个身份优越的白人可能并不了解这种情形对于黑人的意义。黑人与其十几岁的儿子交谈时，必须告诉男孩："当你遇见警察，小心点。"

然而，当我偏要说"所有人的命都是命"时，众怒向我袭来。民权维护者说，之所以强调"黑人的命"，是因为一个黑人被警察暴力袭击——这是不可置疑的事实。但真正令人愤怒的并不是一个黑人被杀，而是一个人被杀。这是我内心最根本的想法，却不能在美国说出来。在这个话题上，即使是我那些知识分子朋友，感情也已经彻底驱逐了理性。

您是否认为，人种和性别话语的使用，已变得束手束脚？

如果我作为白人不可以对有关黑人的事件发表观点，而是必须首先委婉措辞以迎合偏见，那么我得说："在这个领域，我是外行，因为我是白人，地位优越，缺乏体验。"传统审查留出的窄缝里没有学术讨论的自由。人类的自我意识觉醒后，我们也发展出了想象力。想象力允许我们不必亲身实践，就能拥有某种体验。不一定需要把手伸进火里，才可以说："我会烧伤。"这可以通过想象得知。同样，我也可以想象，一位瑞士女士和我用英语对话的意义。如果上述事实不再理所应当，那么我将不再相信文学，不再相信艺术，不再相信创造。

没有想象，我将无法描写今天早晨七点的阿尔维托·曼古埃尔。我是现在的阿尔维托·曼古埃尔，在九点十七分和西格林德对话。我必须把自己限制在这个经验里。每一种来自他处的经验，包括亲身感受，都由想象力在记忆中构建而成。今天早晨七点的我，真的就是我记忆中的样子吗？无法证明。

生活和语言

您可以流畅地说许多种语言。接下来是什么语言?

好问题。德语是我的第一语言。我八岁时回到了阿根廷,从那时起,我就不再说德语。我的词汇量很少,仅限于一个孩子所知道的那些。20世纪60年代,我重新拾起德语,因为我发现了彼得·汉德克①的小说,我还痴迷着卡夫卡和托马斯·曼。我的发音很好,但总会出现很多错误。阅读德语时,我需要查阅很多单词。我不用德语写作。

在我进入思考的瞬间,本能闪现的第一种语言是英语。但如果身处使用西班牙语或法语的国家,这种自然

---

① 彼得·汉德克(Peter Handke, 1942—),奥地利小说家、剧作家。当代德语文学最重要的作家之一,2019年获诺贝尔文学奖。

闪现的语言在几天后就会改变。我的写作语言有英语、西班牙语、法语和意大利语。我的大部分书用英语写作,两本使用西班牙语,还有一些法语和意大利语随笔。

语言的转换,会带给您另一种生命体验吗?

是的。不仅是声音语调变了,完全就像另一个人在说话。这绝非自相矛盾,对于同样的事物,另一种表达方式中也蕴含着另一种想象。

您曾经在使用多种语言的多个国家生活。这些经历对您和语言的关系有什么影响?

我与某一种语言的联结中,包含着我使用这种语言与之交谈的人,也包含着我的生活史。西班牙语连接着我在阿根廷的高中时代:当我使用西班牙语交谈,我听到了高中教师的声音,还听到了博尔赫斯的声音。这带来了问题:西班牙语影响了我所有的写作,就像广告音乐回荡在大脑里,挥之不去。英语连接着我儿时和艾琳的阅读经历,以及后来我自己发现的书。这也是为什么我有时会读错英语单词:那是我从未听过,仅在阅读中遇到的单词。

您有母语吗？"母语"这个词我用得有些犹豫，因为您直到八九岁，还没有和母亲共同使用的语言。

我想，母语和母亲说的话之间是存在区别的。我拥有母亲说的话：如同父母的艾琳对我所说的多种语言组合。艾琳对我说德语和英语。她同时告诉我，还有许多其他语言存在，于是我开始对这些语言产生兴趣。

母语对我而言是来自父亲或母亲的语言，是坐在母亲腿上学说的话；这和我的经历是不同的。大多数人觉察不出自己使用的语言。克雷格是说着英语长大的孩子，对他而言，"说话"和"用英语说话"意义相同。

我小时候就意识到我在使用语言。我喜欢那些长单词，尽管我并不了解它们的意义。我记得我一直说Rumpelstilzchen，Rumpelstilzchen，Rumpelstilzchen（侏儒，侏儒，侏儒），就是因为喜欢它们的发音，那仿佛是田野里滚动的大石块发出的声响。我想，一定是侏儒亲眼见过这样的石块并且创造了它的声音。

我喜欢难懂的词汇，遇到不认识的，艾琳就让我查阅。我还发现，我们会对不同的人使用不同的语言。我知道我可以用自己知道的那两三个西班牙语词和父母说话，和弟弟们说英语，和艾琳说英语及德语，和使馆厨师说德语——他来自柏林。

很小的时候，我就能感受到脑海里闪现的词语，我用它们在不同的情景中与不同的人交谈。早晨醒来的时候，空气中飘散着热牛奶的气息，这种知觉直接让我想起"热牛奶"的德语。知觉直接指向语言。没有语言，我们就无法思考。

您在2013年曾经历一次中风。您在《好奇心》这本书里讲述了这次经历。

那是在圣诞节前夕。在蒙迪翁①的住所里，我在书房完成手头的一些工作，原本打算做些笔记——但我无法做笔记。我想这不可能，然而的确不能。我想我应该是累了，于是走进厨房，打算准备晚餐，我要削土豆皮，但我削不了。我去找克雷格，试着向他解释事情有些不对

---

① 位于法国西部普瓦图-夏朗德大区维埃纳省的市镇。

劲,可连这也无法做到了。克雷格立刻发现了我的问题,他叫来了救护车。十五分钟后,我被送到了医院,确诊为中风。我的肢体活动没有困难,但我无法用语言表达我的想法。护士每隔十五分钟叫醒我一次,并且问我:"您感到疼痛吗?"我无法回答:"不,我没感觉到疼痛。"

那是一段有趣的经历,丝毫没有令人恐惧的地方。我感觉,我获得了观察自己思考过程的特权,我可以看到脑海里的过程。我的大脑试图表达"疼痛,是的",然后,它想加上一个"不"字。但是这条神经通路已经不存在,于是我的大脑神经元构建了新的神经通路。几周之后,我能够说出:"我感到疼痛,不。"

人在中风之后常常失去阅读能力或与语言相关的特定功能。也存在罕见的个例:患者无法阅读虚构词汇,或是患者失去了五岁之后习得的语言。于是在后来度过的许多个夜晚里,我使用我会的每一种语言描述事物,我想确认我是否还能说出它们。这简直是奇迹,我还记得很小时候的事,还有那些篇章,首先是我与艾琳曾经用德语和英语学习的内容,接着是在学校学到的西班牙语和法语,还有意大利语,以及拉丁语!我想起了拉丁语课,奥维德《变形记》的开头。所以我没有失去我的语言,我只是不能把它们说出来。

我发觉,无法言语,思考却可以继续。如果我面前有一幅图像,那么描述它的语言就如鱼缸里的鱼儿。我把手伸进水里,试图捉住一条,但它们从我的指缝中溜走。它们就在那里,我却来不及捉住它们。随着时间的推移,情况有所好转。中风后,我出现了两种后遗症。一是运动上的问题:我在疲劳的状态下会出现口吃。二是我使用比以往多得多的隐喻。

具体指什么?

我来举个例子。例如我和某人通过互联网交谈,这时我会立刻想到这样的表达——"那就好像在与幽灵交谈",这让我想起但丁。一个非常朴素的观察过程之上叠加了隐喻、画面和引用。乔治·斯坦纳说过,他以引用思考。20世纪60年代他在海德堡大学执教时,曾在一次课上引用了他人的言论,一位学生反驳:"这里不应当使用引用。"斯坦纳回答:"没有引用就无法思考。"中风之后,我对引文的依赖比以往强烈了许多。

失语之后,您是怎么重新学会说话的?

自然恢复。我没有停止写作和阅读,于是语言能力逐步且较为轻松地恢复了。这个过程中最有趣的是身体自我修复的能力。在但丁地狱的第八层,有一个路遇恶鬼的情节。恶鬼欺骗维吉尔和但丁,告诉他们从某一座桥过去才能到达下一层地狱。但由于耶稣降临地狱时引发了地震,桥已毁,他们不得不另寻出路。① 这个画面完美地再现了我大脑里发生的事。那座神经通路之桥已经毁坏,由于一处血块阻断了血流,大脑开始寻找新的通路,试着建立新的桥梁。

这次中风对您的写作有影响吗?

我变得更专注于语言意象,除此之外,我认为没有变化。我的大脑似乎修复得非常成功。我感到特别了不起的就是,人可以跳出自我,站在外部观看自己的思考过程。这种景象无法彻底实现,因为人并不在自身之外。所以,人可以反观自我,这才是真正的奇迹。

---

① 见《神曲·地狱篇》第二十一至二十三歌。

格奥尔格·克里斯托夫·利希滕贝格①**曾写下:"我们应该说,思考了,就像我们说,闪电了。"**②

"思考了",没错!只是我们总是以第一人称为前提,这个第一人称的句子可以表达为没有主语的句子:"思考了。"我认为这个问题还要更复杂些。它类似于三位一体的观点。这里是合二为一,既相同又不相同。

我在放松训练中学到过,我们的潜意识不理解否定句。如果对自己说"我不紧张",潜意识理解的仅仅是"我紧张"。

语言的建设性力量建立在肯定的基础之上。即使我们的目的是否定,也必须从肯定开始,然后才可以否定。在彼得·汉德克的戏剧《卡斯帕》的第一幕中,卡斯帕说道:"我想成为别人曾经所是的人。"一个声音告诉他可以

---

① 格奥尔格·克里斯托夫·利希滕贝格(Georg Christoph Lichtenberg,1742—1799),德国启蒙学者、杰出思想家、讽刺作家、政论家。
② "闪电了"德语原文为 es blitzt,以 es 作为表示天气现象的形式主语;利希滕贝格在动词 denken(思考)前同样使用了形式主语 es,即 es denkt(思考了),应指以一种超脱于自身的视角,就像观察外部的天气变化那样,反观自身的思考过程。

做什么：可以用这个句子否定另一个句子，也可以用这个句子构造另一个句子。

语言如何塑造思想？

语言决定了我们能够说出的内容。从少年时起，我就已经发现，使用英语写作时，我的想法和使用西班牙语或德语写作时有所不同。写作对象可能是同一个，然而到达写作对象的方式每次都不一样。童年时，我认为语言是我们发明的一种奇怪工具：四爪、长毛的动物，在英语里叫 dog，在德语里叫 Hund，在西班牙语里叫 perro。如果使用西班牙语，莎士比亚可能不会写出 to be or not to be（生存还是毁灭）这样的句子。这一句英语表达形式简明，同时意义丰富，因为在英语里，to be 一方面表示物理上处于某个位置，另一方面又表示生存、活着。如果莎士比亚用西班牙语写作，他可能必须在上面两个意义中选择一个，因为西班牙语用两个词表示 to be 的意义：ser 和 estar。ser 的意思是生存，estar 指身处特定的地点。莎士比亚不可能用西班牙语写出"生存或身在，抑或不能生存或不能身在"，这样的句子虽然精确，却荒诞且毫无诗意。他可能会写出其他内容。

还有一个例子来自美国文学中最著名的小说《白鲸》,小说开头这样写道:"叫我伊斯梅尔。"在西班牙语里,我们区分"你叫我伊斯梅尔"(对朋友说)、"您叫我伊斯梅尔"(对陌生人说)以及"你们叫我伊斯梅尔"(对多人说)。如果是"你叫我伊斯梅尔",我会认为读者是我的朋友,这个表达含有一种仅仅对朋友才有的亲切。其他情况下则说"各位叫我伊斯梅尔"(一般关系,对多人说话)或"你们叫我伊斯梅尔"(关系亲近,对多人说话)。每一种表达都会界定出自己的听众,并排除另一些听众。然而英语"叫我伊斯梅尔"包括了所有人。

让我回到英语和德语。德国的宗教改革同时也是一场语言风格的改革。慈运理①、路德②,还有英国的主教们,一致攻击辞藻修辞,就是那些华而不实的文字。路德的德语淡而无味,我觉得它是缺乏想象力的德语。

---

① 慈运理又译茨温利(Huldreich Zwingli,1484—1531),瑞士宗教改革家。
② 马丁·路德(Martin Luther,1483—1546),德国宗教改革家。

我的看法不一样：我认为他的语言清新自然，生动多姿。

如果与早期的语言比较，就会有不一样的看法，例如骑士爱情诗①，或者与后来的语言比较，例如浪漫文学②。由席勒的作品可以看出德语所能达到的高度，更不用说德布林③或卡夫卡。但宗教改革倡导简洁：直来直去，摒除繁文缛节。

这直接造就了海明威。

您对海明威的批评是在哪一方面？

我喜欢海明威，但不包括所有方面。我的不喜欢是指其文学策略。路德希望我们理解《圣经》的本意，而不是那些虽委婉优美却可能言不达意的辞藻。他要暴露

---

① 德国骑士爱情诗在12世纪下半叶到13世纪上半叶兴起并盛行，1190年到1210年达到顶峰，是骑士制度特有的产物。(参见商务印书馆2019年版《德国文学史》。)
② 浪漫文学从18世纪末兴起，到1830年前后凋零，历时三十余年，是德国文学史上第一个源于本土的文学运动，对欧洲其他国家影响深远。浪漫文学多取材于中世纪古德意志历史与传说，推崇自由想象。(参见商务印书馆2019年版《德国文学史》。)
③ 阿尔弗雷德·德布林(Alfred Döblin, 1878—1957)，德国表现主义时期左派作家。

《圣经》记载的基督教教义里的矛盾之处。而天主教会则认为,让矛盾隐藏在暗处吧,后世的评述和思想里会有它们闪烁的星光。新教徒实践一种质朴美学:把所有的装饰、所有的优美推下祭坛。说出你想说的,尽可能准确而简练,这就是新教徒的审美。

这种叙述方式直接影响了海明威、雷蒙德·卡佛等作家:句子只限于表述本质,省略形容词、副词,别在回环往复上浪费时间,越清晰越好!不可思议的是,海明威正是用字面上的简洁清晰实现了文学上的意义丰满。

相较于其他语言的文学作品,英语文学拥有一种更本土、更朴实的名声。

并不是所有英语作家都符合这种风格。从托马斯·布朗爵士①一直到约翰·霍克斯②,都是英国巴洛克风格,这一风格看似与新教审美相矛盾,但也吸收了它的某些特质。与拉丁语相比,英语对于使用精致的修饰词以

---

① 托马斯·布朗爵士(Sir Thomas Browne,1605—1682),英国医师、作家、哲学家和心理学家,文辞华丽。
② 约翰·霍克斯(John Hawkes,1925—1998),毕业于哈佛大学,美国著名先锋派和后现代主义作家,美国艺术与文学院院士。

及形容词和副词的态度显得更加严谨。在英语和德语中,修饰词同属被禁止之列。

在意大利语、西班牙语和罗马尼亚语里,一个词前面加上二十个形容词依旧安然无恙。而在英语或德语里,三个形容词足以使后面的名词崩溃。每种语言都包含着一种思维方式,它会在语言风格以及语言风格的规律中表现出来。英语用贬义的"紫色段落"(purple patches)来指代辞藻堆砌的文字。而在西班牙语、意大利语或法语中,并不存在这样的说法。我在翻译玛格丽特·尤瑟纳尔[①]时,她坚持要我保留每一个形容词。我对她说:"法语可以为了韵律加上一段冗余空洞的文字,而英语不能这么做。如果这样做了,人们会读出这个问题;如果一而再再而三地这么做,那就成了一篇辞藻堆砌的文章。"她坚持她的主张,我一直不太满意其中一些篇章的翻译,因为可以从中读出法语的翻译感。好吧,作家们都在和自己的文字恋爱。

---

① 玛格丽特·尤瑟纳尔(Marguerite Yourcenar,1903—1987),法国诗人、小说家、戏剧家和翻译家。1980年当选为法兰西学术院院士,成为1635年法兰西学术院成立以来第一位女院士。

向博尔赫斯学习

您是怎么成为一个"书痴"的?

我的童年非常孤单,必须独自寻找自我和书本的联系。后来当我十三岁进入布宜诺斯艾利斯的高中时,老师的学术视野令我赞叹。这是一所特别的高中,那里的教师是大学教授,是各自研究领域的专家。在某一堂文学课上,我们读一篇西班牙黄金时代①的作品,老师告诉我们:"这个画面来自某位和某位拉丁语诗人,以后还会在加西亚·洛尔迦②的诗歌中再次出现。"这样的情景我记得清清楚楚,我那时想:她从哪里知道这些? 她是怎样

---

① 西班牙黄金时代是 15 世纪至 17 世纪西班牙美术、音乐、文学隆盛的时代。
② 费德里科·加西亚·洛尔迦(Federico Garcia Lorca,1898—1936),20 世纪最伟大的西班牙诗人,被称为"安达卢西亚之子"。

将这些作品彼此关联的？我意识到，每一部作品都置身于无穷无尽的互文之网。从此我发现了一种乐趣：为文本找到与其存在关联的其他作品。

您所写的关于书籍的书，正是在做这件事。

是的。然而这些关联来自一个完全无知者的视角。

"无知"是指什么？您可能是这个星球上读书最多的人之一……

我从未研读文艺理论和学术专著。我也没有接触过德里达、列维纳斯或布尔迪厄这样的学者，他们的著作我曾有涉猎，但没有产生特别的兴趣。只有当理论表述本身的文字足够优美，才能吸引我。我喜爱那些广博而深刻的作品，就像乔治·斯坦纳或并不十分著名的弗洛朗丝·杜邦，一位出色的法国古典语文学者，她对文学的定义锋芒毕露。但如果一个理论家，只会用创造的新词汇描述他自认为是自己创造的新观念，在我看来，那毫无价值。我愿意阅读具有文学性的文字，无论是理论的、虚构的，还是诗歌般的。您必须相信语言。

所以您是无师自通的人。

一个在众人帮助下,无师自通的人。罗伯特·勃朗宁在一首诗里描绘了一个"收集知识面包屑"的人。我也是这样看待我自己的:乔治·斯坦纳和罗伯托·卡拉索①坐在高大的餐桌前用餐,而我在一旁收集面包屑。我的无师自通,是用别人丢弃的东西养活了自己。

谁是您的老师?

首先是豪尔赫·路易斯·博尔赫斯。他让我懂得,我们从文学中得到的收获,并非来自理论,而是来自文字和思想,以及这种思想的表达方式给我们带来的愉悦感。这种愉悦感没有高低之分。包容性让他在一些不那么重要的作家,例如美国侦探小说家约翰·迪克森·卡尔的作品里,看到了索福克勒斯的影响。博尔赫斯教会了我,文学不是只准爱一人的爱情体验。恰恰相反,它鼓励我们同时拥有许多"爱人"。

另一位老师是我的姨妈阿玛利亚·卡斯托,一位出

---

① 罗伯托·卡拉索(Roberto Calasso,1941—2021),意大利著名出版人、作家。

色的画家。她领我踏入她的画笔征途,我在她身上学到了细致观察。绘画要求仔细观察,因为必须再现眼前所见之物。我的高中有一位很重要的老师——伊萨亚斯·勒内,堂吉诃德专家,后来我们成了朋友。军事独裁时期,他被迫离开阿根廷,流亡到纽约。伊萨亚斯·勒内善于构造文学中的意义之网。此外还有乔治·斯坦纳,一位卓越的思想家,我们从未见面,仅有书信往来。

几乎每一天,我都会从某一个人那里学到些什么。有时候通过一个问题,有时候因为一句评论——特别是当我不赞同那个评论的时候。

您在十几岁时认识了豪尔赫·路易斯·博尔赫斯,当时您在一家书店工作。你们之间是一种怎样的关系呢?

那不是友情,不是师生关系,也从来不是文学圈的熟人关系。我们的关系非常特别。除了阿道夫·比奥伊·卡萨雷斯①,博尔赫斯没有其他朋友。在一则短篇小说

---

① 阿道夫·比奥伊·卡萨雷斯(Adolfo Bioy Casares,1914—1999),阿根廷小说家、记者、翻译家,其作品构思缜密,注重对幻想世界的探索。

里,博尔赫斯写道,"一段英国式友谊,开始于避免亲密,终结于无须对谈"。这句话可以用在他和比奥伊·卡萨雷斯身上,区别是,他们没有停止对话。两人的幽默感很合拍。

比奥伊·卡萨雷斯之外的其他人,仅仅是博尔赫斯针对某一关注话题的交谈对象。如果与人相遇时,他恰好决定要思考一下《绿衣亨利》①,他可能会对那人说:"我想起了《绿衣亨利》里的这句话——您怎么看?"他并不在意您是谁、您的职业或姓名。五十五岁失明时,他仅仅需要别人的眼睛,为他朗读作品。当我成为他的朗读者时,还有十几个其他的朗读者:他的门房、一位出租车司机、一位服务生、若干大学生等。

博尔赫斯的记忆力极好。他不需要去找某一篇作品,他从不说:"我还未读过卡夫卡,请为我朗读。"他可以背诵卡夫卡,他只想重温记忆。我认识博尔赫斯的时候,他需要英语和德语的朗读者为他朗读一些他欣赏的短篇小说杰作。

---

① 长篇小说《绿衣亨利》是德语文学中的名篇。作者凯勒·戈特弗里德(Keller Gottfried,1819—1890)是瑞士德语作家,也是瑞士最重要的作家之一。

失明之后，博尔赫斯依旧写诗，他说诗歌如同音乐，如同旋律，只需要把词语填入。但对于散文，他一定要看到自己的笔迹，所以他决定不再写散文了。然而一个念头一旦产生，人就无法选择放下。我们认识的时候，博尔赫斯大约六十五岁。在过去的十年中，他产生了许多关于小说的想法，于是他重新开始写小说，只是没有告诉任何人。

他怎样写小说呢？

他在脑海中构思，然后一行一行口授。他是个写作高手，重启写作时，仍需重温自己心中的杰作，重温那些小说的结构。故事的构成机制是什么？他为我准备了专门的朗读文本。当我去他那里时，他不问："您好吗？下雨了吗？您吃过饭了吗？"他会说："今晚，我们读吉卜林。"我们坐下来，他会递给我一本书，说："请您朗读这个故事。"他不需要我在朗读过程中解释。这是他能够背诵的小说，每隔几行，他会打断我，发表评论。写作技巧在他的评论里闪烁，那是写作者内心的思考，但他说了出来。他会说："哦，很有趣，吉卜林在这里用了这个词，两页之后这个词还会出现,只是上下文不同,读者会有印象。"或者:"现在用了过去时。很快就会换成一般现在时,原因是什么和什么。"我学到了很多。我在朗读的时候,拥有一种特权,观察博尔赫斯思考的特权,他说话时,我在他的大脑里。博尔赫斯有一个他们那一代人常见的习惯——他说出的每一个结论都以一个问题结束:"您不这样认为吗?""不是吗?"最初我会应答,但随着时间的推移,我明白了不需要回答,问题仅仅是修辞。于是我只是坐着聆听。朗读,被打断,继续朗读。

那时我还不懂这一切。当我的姨妈得知我可以为博尔赫斯朗读,她非常震惊。她试图让我明白,和博尔赫斯相处是一个多么难得的机会。她说:"你得写日记,记笔记!"但我才十五六岁,所以我以少年的傲慢回答:"我在帮助这个可怜的老人,我多么善良!"

对于博尔赫斯,我仅仅是一件用于朗读、可以开关的工具。后来,他邀请我去他住宅对面的旅店共进晚餐,有时他带我去比奥伊·卡萨雷斯和西尔维娜·奥坎波[①]那

---

① 西尔维娜·奥坎波(Silvina Ocampo,1903—1993),阿根廷诗人、作家、艺术家。阿道夫·比奥伊·卡萨雷斯的妻子。

里，我坐在桌旁静静地聆听他们的交谈。那是一次次精彩的对话。直到后来，我才明白它们有多么重要。

我的童年拥有艾琳给我的无时不在的陪伴，我的少年时代同样被人眷顾着。我的高中老师是大学教授，我还有博尔赫斯和他的追随者。

生命中的但丁

有些书更为您所重视。例如《爱丽丝漫游奇境记》,您几乎在每一本书里都引用过。

我生命中的每时每刻都有它们:《堂吉诃德》《魔山》《爱丽丝漫游奇境记》。最近十五年,我在读但丁。

在但丁的作品里,您发现了什么?

十年前,我曾接受过一次癌症大手术。那时我生活在法国蒙迪翁,手术几周后出院,必须静养身体。护士每天到访,查看我的状况。那段时间有些类似疫情大流行时期:我不得不居家静养。所以我需要一本书,它能够让我沉浸其中。我考虑在这种情况下阅读古典作品,可能是荷马、莎士比亚、塞万提斯或但丁。《堂吉诃德》已经在住院期间读完——非常美妙，字里行间妙趣横生，令人相当愉悦。莎士比亚的作品我同样喜爱，但是相较于剧场演出，文字阅读无法尽兴，舞台上的经典场景是无与伦比的。关于荷马，我曾写过一本书，出于这个原因，我已经非常细致地研读了《伊利亚特》和《奥德赛》。最后我想：好吧，那就选但丁。我开始读他的《神曲》——它成为我一生中最重要的一本书。它一直在等我，直到它在我六十岁时与我相遇。我确信，是在手术之后，我才足够成熟，才能理解但丁带领我们去看到的生命历程。

为什么是在那个时候但丁与您有了对话？

读者与书相遇，原因无法言说。这与书的特质以及读者的特质有关，再加上时间和环境。就像陷入爱情一样。我不知道会在什么时候爱上谁——就这样发生了。

我不知道为什么会在那个时刻，我被选中走进但丁的作品。

您是否在更早的时候尝试过阅读但丁？

在我九岁或十岁时，第一次偶然读到了但丁。当时我们生活在以色列,一天,父亲带回一套二十卷本的西班牙语儿童百科全书——《给孩子的珍宝》,美丽的蓝色书脊上印着红色的字母。弟弟和我兴致勃勃。我们不懂西班牙语,一个字也不认识,但我喜爱这些书,我对它们有一种恋物般的感情。

回到布宜诺斯艾利斯之后,我学会了西班牙语,于是我翻开了这套百科全书。书里收录了小说还有各类文章及诗歌。有一个章节总结了世界文学中最重要的作品,其中之一就是《神曲》,配有古斯塔夫·多雷①的插图。但这些内容没有给我留下印象,我那时只有九到十岁。

十几岁时,我曾试着用笨拙的西班牙语翻译但丁。二十多岁时,我读到了我曾为博尔赫斯朗读的亨利·法兰西斯·卡里的三卷英译本。我用这个英译本和意大利语原作对照阅读,但没有坚持下去。后来我注意到多萝西·L.塞耶斯的译本,我很感兴趣,但仍然找不到理解的门径。一直到十年前,我六十岁时,才得其

---

① 古斯塔夫·多雷(Gustave Doré,1832—1883),法国著名版画家、雕刻家和插图作家。

门而入。

现在,您如何走进《神曲》?

我对照阅读意大利语原文和英语译文——突然间,它们抓住了我的心,是那种全方位的吸引。我不想停下来,以至于必须限定每天只读一章。我给每个章节做笔记,所以现在我有上百本《神曲》笔记。

宝藏啊!作家落笔很久之后,作品依旧继续生长。《神曲》不会令我厌烦,我每次重温那些章节,都有一种新鲜感,它们仿佛一夜之间刚刚萌发。

这是一个奇迹,生活在13世纪的诗人在流亡中写出了这样完美的诗篇,手边既没有书也没有笔记。他在颠沛流离中书写他的作品,一切都精确到细节,一次又一次地令我感动。

什么细节?

例如第一层地狱的场景。维吉尔为但丁描述了古代的伟大作家们居住的宏伟城堡。他们不是基督徒,因此不能上天堂。城堡美轮美奂,可住在里面的人不知道有上帝。维吉尔对但丁说完这些后,诗句描写了维吉尔的样子:"他低下了头,因为他也是当中的一个。"①此外无须多说了。

在另一个场景里,但丁在炼狱前的岸上遇到了好友卡塞拉。卡塞拉曾是佛罗伦萨的歌手,但丁在佛罗伦萨时与他结下友谊。一艘载着亡灵的船只到岸,亡灵们离开甲板时,但丁在其中认出了他的好友,并且想拥抱他。然而卡塞拉只是亡灵,但丁合抱的双臂之中空无一物。②这一幕是如此动人心魄。我们可能会认为这样的句子来自现代小说,不会存在于 13 世纪的作品里。这些就是我可能永远放不下的细节。

您是否知道,为什么您与但丁作品的对话没有在更早的时候开始?

这一点我无法解释清楚。我从未有过年轻的感觉,我一直觉得五十岁的我将会是真正的我。看镜子里的自己,几乎都是留着胡须的模样,总是比实际年龄更老。现

---

① 见《神曲·地狱篇》第四歌。
② 见《神曲·炼狱篇》第二歌。

在,经历过若干葬礼和失去,我突然理解,一切都写在《神曲》中。这就像猛然看到自己的画像,兼收各种片段,包含一切细节。

但丁创作《神曲》的灵感从何而来?

对此存在不同的理论。正如我们所知——是薄伽丘第一次讲述了这段历史——但丁在九岁时爱上了同龄的俾德丽采。之后他们曾有一两次重逢,后来俾德丽采嫁给了别人并离世。有一种说法认为,但丁没能与俾德丽采在一起,为了纪念这段爱情,写出了《神曲》,只为与俾德丽采同在。她在《炼狱篇》的最后出现,并引导但丁走向天堂。然而有一个矛盾之处——毕竟这是一部伟大的作品——《神曲》并不是以但丁和俾德丽采结束的。一开始,俾德丽采对待但丁的态度有些可怕,说话语气冷漠,足以令人心碎,就连她身旁的天使都劝她,别对他这样残忍。① 然后她就消失了。但丁和圣伯纳特留在那里,但丁转过身说:"她到哪里去了?"② 根据这种理论,但丁写

---

① 见《神曲·炼狱篇》第三十至三十一歌。
② 见《神曲·天堂篇》第三十一歌。圣伯纳特是 12 世纪著名的牧师。

作《神曲》是为能够与俾德丽采同在。

还有一种理论认为,但丁意在记述他被驱逐出佛罗伦萨的流亡生涯。他在一封信中说过,神曲的核心就是《出埃及记》——《圣经》所记载的犹太人迁出埃及的故事。出埃及象征着灵魂最终离开尘世,进入希望之乡,进入天堂,进入上帝的所在。在这个意义上,我们可以把《神曲》解读为一次朝圣的历程。

上面两种说法哪一个正确,我无法判断。也许但丁意图描写一次前往亡灵之国的旅途。这一类描写有原型存在,例如柏拉图《理想国》的末尾,西塞罗《论共和国》里大西庇阿的梦境,或是伊斯兰教典籍中关于彼世之旅的描写(首先想到的是夜行与登霄①),但丁应该了解这些内容,因为彼时《古兰经》及其注释已被译成意大利语。

我想,但丁是在写作过程中发觉自己偏离了创作《神曲》的初衷。这一点我们在阅读时可以感觉到。在宏伟城堡的场景里,当维吉尔向但丁介绍那些古代的伟大作

---

① 《古兰经》所记载的伊斯兰教先知穆罕默德的神圣旅程。

家时①,但丁尚未意识到自己可以为这些人物赋予血肉,并让他们与书中的自己展开对话。直到第五歌,弗兰采斯佳讲述她与保禄的爱情那一幕②,但丁才第一次实现了这种对话。我想,但丁在这个时刻忽然意识到:我的诗可以有另一种写法,它可以是一场与角色的对话。这样的写法一直延续到终曲里令人难以置信的幻象。

您是否认为,通过描写地狱里的折磨,引发一种令人着迷的恐惧感,这在但丁的创作中也是重要的一部分?绘画艺术中的地狱远远多于天堂。

我认为这可能是对但丁的误解。地狱以及后来炼狱里的折磨当然是令人恐惧的,然而根据但丁的说法,这些都是罪人自作的孽。没有上帝的爱,就没有宇宙里的一切,维吉尔这样对但丁说,上帝就是全部的爱。上帝让每个人自由选择生活方式,而准绳在于上帝给予个人的天赋。如果一个人决定做贼,窃取不属于自己的物品,他受

---

① 见《神曲·地狱篇》第四歌。
② 弗兰采斯佳和保禄是一对偷情的恋人,二人被弗兰采斯佳的丈夫发现后杀死。见《神曲·地狱篇》第五歌。

到的惩罚就是失去一切,直到失去自己的身体。在地狱里,窃贼将受到蛇的折磨,蛇啃噬他的身体,之后变成他身体的一部分,又再一次被啃噬。这样的折磨看上去黑暗至极,却是罪孽的必然结果。但丁称之为"一报还一报"。

恐怖之中也蕴含着伟大的美好,那是但丁遇到自己非常钦佩的老师勃鲁内托·拉铁尼的那一刻①。勃鲁内托·拉铁尼堕入了违背自然法则的罪人所在的地狱圈层。这里的亡灵必须奔跑着穿越一片滚烫的沙漠,沙子在燃烧,火星噼里啪啦朝他们落下。但丁站在沙子上方一块狭窄突出的飞地上,他必须弯下腰才能与勃鲁内托·拉铁尼交谈,这是他对老师表达敬意的方式。勃鲁内托·拉铁尼决定停止奔跑,与但丁交谈,即使他会因此遭受五倍于此的痛苦折磨。谈话结束,勃鲁内托·拉铁尼狂奔远去。但丁说,他奔跑着远去,却不是失败者的样子,而是像味罗那城里举着绿布的得胜者。因为信仰,但丁必须谴责有罪之人,但他又以极为壮美的方式表达了

---

① 勃鲁内托·拉铁尼是佛罗伦萨的哲学家和政治家。见《神曲·地狱篇》第十五歌。

爱。这是我所知道的表现友情的最美场景之一。

但丁如何看待那些被他写进地狱里的人?

其中大多数但丁不喜欢。例如教皇菩尼腓斯[①]是但丁痛恨的人,读者可以感知。不过但丁从未忘记阅读的四个层次:字面、修辞、神话和道德。它们赋予了《神曲》刻在骨子里的充满诗意的内在张力。

此外还有一些其他元素,共同形成了这首长诗的多层空间。神学是其中之一。天主教教义是但丁无法绕开的内容。有时他表述自己的观点,有时他否定某一位神学家的观点,同时支持另一位神学家的观点,但无论如何,他严守着信仰的边界。

神学之外,也有文学的影响。作为诗人,但丁必须做选择,因为从文学的角度来看,一些事物优于另一些事物。最后是但丁的人格,他恨菩尼腓斯,爱卡塞拉。弗兰采斯佳的故事深深感动他,以至于他在写作时不知如何下笔:根据教义,弗兰采斯佳是被诅咒的,因为她犯了纵

[①] 菩尼腓斯八世在 1302 年但丁被放逐时任教皇。见《神曲·地狱篇》第十九歌。

欲的罪。但丁把她描写为诗人，在他美丽的句子里，弗兰采斯佳讲述自己的故事。同时但丁也写了自己：一个出于同情心而不知所措的人。《神曲》是如此丰富，我们不能从单一视角来理解。

您在我们开始对话时提到了一个"隐秘爱好"：制作玩偶。您曾经通过网络向我展示过那层架子，摆满了《神曲》角色的玩偶。

与书籍、文字的关系对我而言排第一位，但我同样热爱手工艺。我会素描及绘画，仅限于自娱自乐。我的新书《迷人怪物》第一次出版了我的手绘插图，画的是书里写到的角色。

那些玩偶，最初我只想塑造但丁和维吉尔。接着我发现我还可以塑造但丁进入地狱之前遇到的三只动物：豹子、狮子和狼。于是最后我对自己说：制作所有的《神曲》角色！目前共八十八个玩偶。

您如何决定这些角色的外貌呢？

举个例子，我在草图上为圣伯纳特选择了演员查尔斯·劳顿①的脸,为塞绮斯②选择了蒂达·巴拉③的脸。可是谁也不知道黏土在手指间会变成什么。这类似写作的过程:我们有了一个想法,接着脑海里浮现出一个词语,从这个词又联想到下一个词,如此不断延续。我没有周密的计划,制作材料有它们自己的生命。

您说每天早晨读一章《神曲》。今天早晨读了吗?

当然读了! 我读了最后一章,圣伯纳特以歌咏恳求圣母玛利亚怜悯但丁,给予他最后的幻象。圣伯纳特以绝妙的尊称礼赞圣母玛利亚,称她为"你儿子的女儿"。④这朴素的话背后蕴含丰富的思想。

一个自相矛盾的说法。

这是用一种诗意的方式表述了一个极其复杂的神学问题。我对神学的兴趣来自对虚构文学的兴趣。人创造

---

① 查尔斯·劳顿(Charles Laughton,1899—1962),英国演员。
② 塞绮斯是古罗马一部喜剧里的人物。见《神曲·地狱篇》第十八歌。
③ 蒂达·巴拉(Theda Bara,1885—1955),美国女演员。
④ 见《神曲·天堂篇》第三十三歌。

了某个逻辑不通的概念,例如一种行为或一个角色,然后又为这个概念创造了逻辑自洽的理念体系。人们发展一种理念体系,往往从一种不可能存在的概念开始,例如三位一体或圣灵感孕这样的概念,这些概念的基础建立在语言的内在张力之上,因此诗歌能够毫无阻碍地把不合逻辑的前提转化为可信的内容。这种可信源于诗歌的音乐性和声响。德尔图良①说过:"因为荒谬,所以相信。"这句话的完美之处在于对自身的定义:句子定义了可信的荒谬,信则不疑。有了这句话,我们也可以点点头说:"因为荒谬,所以相信。"这是诗歌的领域,在诗歌里,词语产生自己的意义,诗行因此而绚丽。如果离开诗歌的世界,自相矛盾就会变得不合逻辑、毫无诗意。如果留在这里,它就会成为脑海里的真实。这是诗意的真实、诗意的逻辑。

在今天早晨的阅读中,您有什么发现吗?

发现了一些不同于以往的内容。尾声部分,俾德丽

---

① 德尔图良(Tertullian,约155—240),被称为"拉丁基督教之父"和"西方神学的奠基人",开创了新的神学概念,其中最出名的可能是"三位一体"。

采消失,圣伯纳特出现。但丁凝视着俾德丽采,因为他在她的眼中找到了安慰,俾德丽采念着优美的警句——"天堂不仅在我的双眼中"①,她意图告诉但丁,应该专注于更重要的事情。但丁看着她,眼前的俾德丽采却一下子消失了,她刚刚现身的地方只剩下这个老人。这场景的巧思出自真情。忘记我们正身处天堂!看着自己的爱人,看着她消失,请想象此刻的震撼。圣伯纳特与但丁交谈,并且向圣母玛利亚引荐,然而但丁只是喃喃不止:"她到哪里去了?"没有神话,没有启示,只有爱人的表白:"她到哪里去了?"关于这个场景,我可以谈上好几个小时。

您就像一个追踪器。

我惊叹,但丁是怎么写出这一切的!他背井离乡,手边没有书,也不知道下一个夜晚会在哪里度过。只有"不属于我的阶梯"以及"加盐的面包",这是但丁对流亡的定义——佛罗伦萨人的面包里没有盐。他在这种处境中是如何写出了《神曲》?他必须为每一行诗句找到优美的词

---

① 见《神曲·天堂篇》第十八歌。

语,赋予每一个角色心理学的意义,他遵守基督教教义,同时让古代神话的声音回响。《神曲》里的每一行都包含但丁生活的时代的全部知识:心理学、生物学、植物学、地理学、历史学。此外还能发现一些伊斯兰教教义的痕迹。

这十年来,您在每个早晨阅读但丁。

我一直保持着早晨的生活习惯。每天很早醒来,人却没有完全清醒。双眼还未完全睁开就去洗澡,然后沏茶,坐下,读一章《神曲》。我以这种温和的方式叫醒我的大脑。因为熟悉作品,所以没有艰深的文字需要思索,我们已经是朋友,我正在读的诗句,也或多或少可以背诵。然后,灵感闪现,我有了新的发现!我知道,大脑开始工作了,我就这样缓缓地苏醒了。

这个过程大约持续一小时,有时一个半小时。接下来我准备开始一天的工作。那些冥想的人、晨间祈祷的人,还有晨间运动的人都了解这种体验。对我而言,那就是阅读但丁。

像考古学家一样阅读

您如何选择自己阅读的书?

我不是学者,所以没有非读不可的书。我喜欢歌德的部分作品,但我没有读完《威廉·麦斯特》①。他的大部分戏剧对我而言困难重重,他和埃克曼的对话一板一眼,令我无法忍受。但我喜欢他的《浮士德》以及很多诗歌。因为不做研究,所以按照喜好选择。

至于选书的方式,新书总是偶遇,例如因为书名。我最喜欢的散文集,如拉斯洛·弗尔德内伊②的《陀思妥耶夫斯基在西伯利亚读黑格尔并泪如雨下》——这样的书

---

① 长篇散文小说。歌德始作于1777年,耗费约半个世纪完成。
② 拉斯洛·弗尔德内伊(László F. Földényi,1952—),匈牙利哲学家、作家、文学史学者和文艺评论家。

名,谁能拒绝?也有封面的缘故,或是听说过作者,或是朋友推荐。与一本书相遇,存在很多种可能。

但如果开始的两三页不能读下去,我就不会继续。有可能出于某种原因,不得不勉强看到结尾,不过这样的情况还没有出现;书的开头令我感到无趣,但结尾令人喜爱,我确实从未遇到。我对书或一见钟情或毫无感觉。

您区分消遣文学和高雅文学吗?

谁会这样区分呢?

您满怀激情,读了一辈子书。是否有一本经典之作,是您从个人角度出发,愿意和世界分享的?就像是"生命结束之前必读的一百本书"这样的分享。

《阅读史》在美国出版时,我的出版人曾邀请我列出我最爱的一百本书,于是我列出了一份书单,名单中的每一本书都值得推荐,当之无愧,但它们并非经典。

经典有其价值。但如果您列一张包含一百本书的书单,可能其中有些书名我没有听说过,我可能会问:"哦,这是什么书?"我喜欢这样。

您认为乔治·斯坦纳所说的"一种好的阅读"是什么?

《阅读史》中有两页专门描写了理想读者,他们应略带讽刺。虽然我几乎不读文学理论,但是汉斯·罗伯特·姚斯①的接受美学令我佩服。他提出了读者改变文本的理念。每一个文本都包含超出作者知觉的内容,真正有创造力的读者将在原有文本之上,进一步丰富其内涵,直至超出原作者的知识边界。弗洛伊德对《哈姆雷特》的阐释完全正确,也很有趣,可惜莎士比亚没有读过弗洛伊德。好的读者能够在文本之中读出新意,但也有读者屈服于执念,在文本里牵强附会。例如曾有一位历史学家将《爱丽丝漫游奇境记》解释为玫瑰战争②的隐喻,可是作者刘易斯·卡罗尔的知识背景③与此没有一点关系。而另一个正确的例子是弥尔顿的《失乐园》,虽

---

① 汉斯·罗伯特·姚斯(Hans Robert Jauss,1921—1997),德国文艺理论家、美学家,接受美学的主要创立者和代表人物之一。
② 玫瑰战争(Wars of the Roses,1455—1485),是兰开斯特家族和约克家族的支持者为了争夺英格兰王位而断续进行的内战。
③ 除了写作童话,刘易斯·卡罗尔还是一位数学家和逻辑学家,然而他并非英国史研究者。

然作品讲述了路西法和天国众神的战争,但可以从中辨认出若干来自时局的内容。弥尔顿生活的年代正值英国资产阶级革命①,政治冲突令他忧心,他的很多表述如"什么样的权威我们应当顺从",可以解读为他对政局的态度。

有创造力的读者像考古学家一样阅读。他在文本的各个层次上研读,挖掘出文本作者未知的,或至少是未觉察的内涵。

什么样的书会带给您愉悦感?

从第一个词直到最后一个词的愉悦感——这样的书很少。《浮士德(第一部)》《李尔王》《堂吉诃德》《神曲》《爱丽丝漫游奇境记》,还有圣十字若望②的诗歌——这些作品我享受整本阅读,从第一个词读至最后一个词。

其他的书也带给我许多愉悦的时刻,就像一个人走进房间时看到一张美丽的脸,或者像一束日光从云层里射出。我在阅读时总会碰到这样的乐趣,但无法解释原

---

① 弥尔顿的生卒年为1608年至1674年,英国资产阶级革命的起止时间为1640年至1688年。
② 圣十字若望(San Juan de la Cruz,1542—1591),西班牙加尔默罗会托钵修士、神秘主义者、诗人。

因。有人问您,为什么会爱上一个人。您可能回答:因为这个人有碧绿的双眸;因为她聪慧或者波尔卡舞姿优美。可这些都属事后想到的理由,无法解释一见钟情。

瑞士文学理论家埃米尔·施泰格尔有一句著名的话:"去理解那些感动我们的东西。"[①]**这应该是文学理论的任务。**

每种文化中都存在意思相近的谚语,就像:"美在于观察者的眼睛。"伏尔泰说过:"雌性海龟对于雄性海龟是美丽的。"

我们称之为品味……

品味是个过程,它在人生的各个阶段都有变化。儿童不喜欢鱼子酱,但成年人觉得美味至极(我不觉得)。儿歌只有儿童喜爱,成年人读来过于简单,今天人们喜欢保罗·策兰。一个人喜爱的对象会改变,不变的是对喜悦的感受。

---

① 出自施泰格尔《阐释的艺术》。

品味是必须学习的,甚至包括对食物的品味。

这是个很好的例子。我们必须学习品尝美味,而美味在墨西哥可能是烤蝗虫,在柏林则是咖喱肠。从意识觉醒那一刻起,我们对品味的感知就已存在,即使它的色调在人生历程中不断变化。

乔治·斯坦纳说过,读者是文本的客人。对您而言,阅读是一种对话。

是一场读者主导的对话。读者阐释文本,文本却不可能回答。最有趣的阅读形式之一是小组阅读。一个人阅读时,读者可能会深入地沉浸在文本之中,与自己对话。但如果读者与好友或在小组中与众人就所读内容进行交流,可能会看到文本的另一种面貌。拥有才智的小组成员,可以丰富文本。

并非所有文本都可以用不同的方式解读。浅显的作品止于字面,所有读者只看到同一本书。

长久以来,我一直在寻找杰出文学和蹩脚文学的定义,但现在我觉得这样的标签过于简单。我所认为的蹩脚的文学，是我无法进入的文学。就像覆盖着冰层的湖面：表面光滑，人可以在表面滑行，但如果冰层塌陷，滑冰者就会落水淹死。杰出的文学提供了孔洞或空缺：读者可以在某处有所发现，又或者可以在某处藏身。

伟大还是平庸，我可能无法区分，但我觉得，文本是为读者留出提问空间，还是已经说出了所有答案，这两者是不同的。

说出所有答案的文本里，已经没有创造性阅读的余地。

曾有一位多伦多的教师给了我如下建议。写作时，想象有个矮人坐在你肩上，它问："为什么对我讲述这些？为什么告诉我早餐吃了一片吐司，喝了两杯咖啡？"这些只有你的母亲会感兴趣，她也可能仅仅对此感兴趣。

作品在字面上交代一切，这是对读者的不信任。

可以说是既不信任读者，也不信任自己的写作媒介。熟悉语言的人都懂得，语言的多义性足以延展生发，如同一个发酵面团。只要我们有手艺，只需静静等待，多种意义就会像花朵一样绽放。如果我描写了谋杀或性爱的每一个细节,就像卡尔·奥韦·克瑙斯高那样,您虽然感到震撼或愉悦,但这种感觉并非产生自您的内在,而是写作者以自己的感受淹没了读者。

迈克尔·哈内克①导演的电影《爱》是我所看过的最感人的电影之一。电影有这样一个镜头,伊莎贝拉·于佩尔所扮演的角色,独自站在离世父母的家中——父亲在杀死母亲后自杀。伊莎贝拉问哈内克:"我应该如何反应?"哈内克说:"什么也不做,什么也不感受,只是站在那里。"观众可以感受到情绪,因为演员什么也没做。

情绪,或在书页上,或在读者的脑海里产生。

如果让情绪在读者的脑海里产生,当然是更好的写作。写作必须能够提供言外之意。

---

① 迈克尔·哈内克(Michael Haneke,1942—),奥地利编剧、导演。2012 年,其自编自导的爱情片《爱》获得第 65 届戛纳国际电影节金棕榈奖和第 85 届奥斯卡最佳外语片奖。

成为世界公民

您十九岁离开阿根廷,远赴欧洲。为什么做这个决定?

1966年,我高中毕业,决定进入大学学习文学。我完成了第一年的学业,但大学学习令我感到无比枯燥。在听过我出色的高中教师和博尔赫斯讲课之后,"1326年某事发生,1327年某事发生"这样的讲授已经令我无法忍受。

于是我中断学业,在一家小型出版社工作了一年,伽勒那出版社,当时由年轻的维利·沙瓦尔宗创建不久。到今天已经过去了五十多年,他一直是我的经理人。

现在回答您的问题,为什么去欧洲:我离开阿根廷,是因为我已经迫不及待地想要见识世界。我早已为巴黎倾倒,当年我曾和一个弟弟乘坐汽车"一周游遍三十城",到访过那里。

我乘船出发,这是最便宜的方式。那个年代依然需要推荐信,我手中也有几封,因为通过博尔赫斯以及我之前工作的出版社,我认识了当时一些最重要的阿根廷作家。巴黎有人将我引荐给埃克托尔·比安西奥蒂①,一个传奇人物,他是第一位以法国作家身份进入法兰西学术院的阿根廷作家。比安西奥蒂为伽利玛出版社工作,他把我安排到那里做审稿人,我为英语、西班牙语和德语稿件撰写评语。我读过的作家有约翰·霍克斯、曼努埃尔·普伊格、阿诺·施密特,他们的作品后来都得以出版。

我的薪水不多,住在圣热尔曼②一间旅店最顶层的小房间里。顶层的阁楼间里还住着做娼妓的女人,她们很善良,常邀请我一同用餐,那是一段美妙的时光。我还结识了其他作家。其中一位是古巴作家塞维罗·萨杜

---

① 埃克托尔·比安西奥蒂(Héctor Bianciotti,1930—2012),出生于阿根廷,后来获得了法国国籍。
② 指巴黎圣热尔曼·德·普雷区。

伊,他为我找到了一份广播剧合约,后来又介绍我认识了罗兰·巴特。

在20世纪70年代早期,我还写过一系列短篇小说,我将它们投给《民族报》举办的写作比赛,这家报纸在布宜诺斯艾利斯发行。我和其他几位作家一同获奖,获得资助,之后返回布宜诺斯艾利斯并在报社工作了一年,做了一些事情。

这是您第一次做记者吗?

那段经历很有趣,《民族报》是一份坚守传统的报纸。记者们在一间大屋子里工作,长条桌的两边排列着打字机。这当中有最出色的作家和记者。二十二岁的我年纪最小,人们让我在不同领域中尝试各种可能性,不管是抢劫案还是政治演说。这段经历让我学到很多。我也曾为梅厄夫人[①]和阿加莎·克里斯蒂写过讣告。

---

① 果尔达·梅厄(Golda Meir,1898—1978),通称梅厄夫人,是以色列创国者之一,她曾担任以色列劳工部部长、外交部部长及第四任以色列总理(1969—1974)。

但您没有留在布宜诺斯艾利斯。

那是军事独裁初期,难熬的日子。目睹了若干非正义的突发事件后,我害怕局势会进一步恶化,于是返回了巴黎并试图前往伦敦——我只有阿根廷护照。然而由于没有工作许可,我在前往伦敦途中被捕。

回到巴黎后,身无分文。我结识了一位书店店主,来自阿尔萨斯、精通亚非艺术的菲施巴赫先生。他曾在德军占领区历尽艰难,所以很同情没有许可文件的人,他让我在他的书店工作。书店后面有一个柜子,可以放置一张小床垫,这样我就有了睡觉的地方。我至今记得那个幸福的早晨。工作一周后,我第一次领到了薪水,能够在咖啡厅为自己买一份丰盛的早餐了。当我们在正常的房屋里居住,领着正常的薪水时,每一顿早餐都雷同。可饥饿数天之后,这样一份早餐简直美味至极,世界也是那样美妙。

您没在巴黎逗留很久。

意大利出版商弗朗哥·马里亚·里奇[①]在这个时期

---

① 弗朗哥·马里亚·里奇(Franco Maria Ricci, 1937—2020),为博尔赫斯建造了世界上最大的竹子园艺迷宫——马索内迷宫。

发现了自己对博尔赫斯的狂热,他计划提供资助,因为博尔赫斯很穷。里奇是百万富翁,他构思了一个项目,博尔赫斯可以由此获得收入。里奇推出了名为"人类里程碑"的豪华精装书系列,其中包括博尔赫斯唯一篇幅较长的短篇小说《代表大会》①。这本书以意大利语、西班牙语及英语出版。当里奇向博尔赫斯询问翻译人选时,博尔赫斯说:"为什么不问问阿尔维托呢?"里奇来到巴黎,我们在咖啡馆见面,他问我:"愿意去米兰,到我那里做编辑吗?"我那时二十岁出头,接受了这份工作。在米兰,我认识了詹尼·瓜达卢皮,还遇到了波莉·布鲁尔②,她后来成了我的妻子。当里奇又计划在巴黎经营书店时,他问我是否愿意接手,于是我们又回到巴黎。然而我们无奈地发现,书店的薪水无法维持我们在巴黎的生活,于是我辞职了。

在书店的最后一天,一位客人到来,他打算为他在塔希提岛③的书店购买一些书。我没有多考虑(有时候人

---

① 收录于小说集《沙之书》。
② 全名为保利娜·安·布鲁尔。
③ 法属波利尼西亚向风群岛中的最大岛屿,位于南太平洋。

会突然这样),脱口而出:"您在塔希提岛是否需要一位出版人?"如此荒唐的问题!可这位客人回答:"我正在创办一家出版社,可能需要人手。一起去吃午饭吧!"午饭之后,我回到家对妻子说:"我们去塔希提岛。"这时应该在地图上看一看这个地方。可我们那时很年轻,就这样去了塔希提岛。

女儿们出生在英国,那里是我妻子的娘家,她不愿在塔希提岛待产。临近预产期时,我们必须回英国。这里还有个有趣的故事:我们无力负担两个人的车票,但出版社在法兰克福书展期间,可以为我支付一张车票钱,以便我在途中观展。所以我们把三个孩子的出生时间,全部安排在当年的法兰克福书展期间。书展上的广播通知让我出了名:"请阿尔维托·曼古埃尔注意,您有紧急通知!您的妻子已被送往医院。"两个女儿都在书展期间出生,儿子出生在书展前一个月。

这非您莫属,一个将人生奉献给书籍的人!

对极了。离开塔希提岛之后,我们决定定居加拿大。我在此出版的两本新书非常成功:一本叫作《想象地名私人词典》，另一本叫作《黑水：想象文学作品集》（*Black Water: The Anthology of Fantastic Literature*，1983）。我希望成为独立作家，以自由撰稿为生。1982年10月抵达多伦多时，小儿子刚刚出生几周。但我们遇到了困难，自由撰稿人的收入不足以养家，这时我和妻子的关系出现问题，最终我们决定分手，波莉独自在几条街道之外的另一所房屋居住。孩子们周末去她那里，剩下的时间在我身边。两个女儿已经上小学。那时我为电视台撰写剧评、录制节目时，会带着小儿子进演播室，评论现场有职员帮我照顾他。结束之后，我会骑着自行车带他回家。每个有剧评节目的夜晚，我总是需要一个照顾孩子的人。

您是怎么遇到您的伴侣克雷格·斯蒂芬森的？

那是1990年。克雷格是一位心理分析师，当时在多伦多做教师。他为学校课程编写了一部作品集，校方希望找到能够撰写导读的人。他想到了我，于是为我寄来了手稿。然而邮件没能送达，于是他亲自把手稿送往我的住处。时间是圣诞节前。我的母亲前来看望我和孩子们。祖母、狗、三个孩子在屋子里跑来跑去，这时克雷格来到我家,我们就这样相识。从那之后,我们成为伴侣,至今已有三十年。

这是一个男人,您自己也感到惊讶吗?

我知道。但奇怪的是,没有太大问题。也没有人说:"哦,太可怕了!"

您的孩子们是怎样接受的?

从孩子的角度看,克雷格扮演了第三父母的角色。孩子们在三十年前认识克雷格,我的儿子现在三十五岁。真有趣,在少年时代激发愤怒的事物,今天已变得平淡。当孩子告诉我"萨姆结婚了",我并不知道对方是男性还是女性,特别是在加拿大。

何处是故乡？

您曾在许多不同的地方生活过。您的故乡在哪里？

关于故乡,我思考过很多。以色列绝对不是我的故乡,在那里,我仅仅在我的房子里和艾琳一起生活。布宜诺斯艾利斯和阿根廷有可能是,如果我能够做到对那里不那么反感。我在德意志文化中长大,感受过加拿大名副其实的民主,我发现,在一个似乎不知道何为社会责任的社会中生活,很困难。

国家认同感来自文学。有时这并非有意识的选择,例如,瑞士通过小说《海蒂》中的形象走向世界,我认为这是一个很有特点的例子。

您是认真的吗？

小说《海蒂》一头是善良的小女孩,热爱大山,从不犯错,另一头是她可怕的祖父,一个仇恨人类的外乡人。祖父是一座沸腾的火山,随时会爆发,而海蒂是一个反向的制衡力量——两者象征着瑞士。它有着世界上最好的防御机制,如果来人侵犯,山区布满地雷的掩体将以爆炸回击,这正是海蒂祖父所象征的。但就外在人格而言,瑞士如海蒂一样,是个有教养、有效率的人。

阿根廷也有这样的小说吗?

阿根廷选择《马丁·菲耶罗》作为民族史诗,它讲述了高乔人的故事,作者是19世纪末生活在布宜诺斯艾利斯的一位学者①。一个高乔人被征召入伍,不得不离开妻子和孩子,于是他逃走了。军队派出一名下级军官追捕逃跑的高乔人,二人在草原相遇,高乔人马丁·菲耶罗持刀自卫,斗篷覆盖着上臂,就像古罗马士兵。这时下级军官的内心突然受到了一种道德上的震撼,他说:"我不

---

① 指何塞·埃尔南德斯(José Hernández,1834—1886),阿根廷诗人。《马丁·菲耶罗》是他最重要的作品,包括《高乔人马丁·菲耶罗》《马丁·菲耶罗归来》。

能让一个勇敢的人以这种方式死去!"于是他转身站到了叛逃的高乔人这一边,和他并肩与士兵搏斗。

当一个社会之中具有象征意义的英雄成为叛徒,与另一个叛逃者结盟,站在了同胞和政府的对立面,这意味着,官方权威已经在价值上坍塌,破坏规则和法律成为义举。后来,两人遇到了一个更为聪慧的高乔人,他试着开导马丁·菲耶罗。他会这样说:"和法官成为朋友!顺着他。后背发痒时,有根柱子可以蹭一蹭,总是好的。"所以我们读作品时,也能学到这些智慧,就像瑞士人在海蒂身上看到了好女孩的样子,或者像加拿大人从《绿山墙的安妮》里认识了一个意志坚定的女孩,她用诚实的方式,走出自己的路。美国文学里有《哈克贝利·费恩历险记》,其中当然存在种族主义观念:一个男孩,代表白人的美国;一个被迫害的成年黑奴,代表黑人的美国。

您选择了加拿大国籍。

决定成为加拿大公民的那一刻,我唯一一次感受到故乡的归属感。1982年来到这里时,我对地图上这块粉红之地一无所知。我在这里发现了一个民主社会,社会的民主机制运转良好,选民目标明确。如果一个加拿大人希望改变什么,通常会首先加入公民委员会,然后用修改法律的方式实现他的目标,他们信仰规则。

您喜欢这样吗?

无论如何都优于阿根廷,那里几乎无人遵守规则。如果把阿根廷比作包办婚姻,因为我恰巧出生在那里,那加拿大就是爱情婚姻,这是我的选择。我认为,我们不应强行规定出生地为国籍,这很荒谬。一个持有斯洛文尼亚护照的人可能生活在巴黎,人为规定的一致,毫无意义,我的出生地也并非国籍,我持有加拿大护照。我厌恶官僚主义。

您为什么离开了加拿大?

我在加拿大生活了二十多年。离开那里,只为我的伴侣,这是唯一理由。克雷格那时是文学教授,但他打算学习荣格心理学,于是申请了苏黎世荣格研究所并被录取。这次欧洲之行,可能长达五六年。做这个决定让我痛苦,因为孩子们只能留在加拿大。

孩子们那时多大了?

六岁、九岁和十二岁。每隔两三个月,我会见到他们一次。有时孩子们去我们在欧洲的住处,在那里待几个月,有时我回加拿大,就是这样。

您之后又去了法国。

当时我们无法负担苏黎世的生活开销,实在太贵了。于是我们在瑞士与法国边境附近寻找合适的地点,这次我们找到了阿尔萨斯大区的塞莱斯塔。如此选择,是因为看到了"塞莱斯塔人文图书馆"①的海报。那时我正在写《阅读史》,我知道这所图书馆由贝亚图斯·雷纳努斯创办,他是伊拉斯谟②的出版人。我们在塞莱斯塔度过了两年愉快的时光。

孩子们一直和他们的母亲住在加拿大。大女儿遇到了一些困难,于是她来到我身边。她在读高中,可又不愿

---

① 1452年建立,包括塞莱斯塔人文主义学校图书馆和德国人文主义史学家贝亚图斯·雷纳努斯(Beatus Rhenanus,1485—1547)的私人图书馆。
② 德西德里乌斯·伊拉斯谟(Desiderius Erasmus,约1467—1536),荷兰人文主义学者,16世纪初欧洲人文主义运动主要代表人物。

意在法语学校读书,于是我们去了巴黎的英语学校。从巴黎我们又去了伦敦,我的前妻带着另外两个孩子也去了那里。后来我们有机会在卡尔加里①留下,于是回到加拿大生活了两年。小儿子在卡尔加里恋爱,他和妻子一直生活在那里。这些往事啊。

眼下是 2020 年 8 月,因为疫情,您从纽约来到了蒙特利尔。就目前的情况看,您还好吗?

请允许我使用一个加拿大笑话来回答您的问题,我认为这个笑话里包含着对加拿大这个国家的定义。加拿大社会的优点是它的开放。如果您踏上美国国土,就必须做个美国人。您必须全方位地适应这个国家。加拿大恰恰相反:她会为您而改变。

20 世纪 80 年代后期,印度锡克教难民进入加拿大并获得公民身份。② 每个加拿大公民都可以加入军队或加拿大骑警。骑警的形象总是身着制服:黑色的裤子、夹

---

① 加拿大西南部城市。
② 锡克教(Sikhism)于 15 世纪末由那纳克创立于印度西北部旁遮普地区。锡克教徒在 19 世纪后期开始移居海外,其中加拿大是印度以外,世界上锡克教徒人数最多的国家。

克和宽边帽。当锡克人要成为骑警,锡克教徒的头巾仍然是不允许摘下的。美国人可能会说:"你必须摘下头巾。"然而加拿大人改变了制服,他们有了佩戴头巾的骑警。

下面是我要讲的笑话。加拿大广播电台 CBC 曾举办过一次听众竞答活动。参考美国谚语"像苹果派一样具有美国特色",请补充完整"像……一样具有加拿大特色"。获奖留言是这样的:"看情况尽可能具有加拿大特色。"这就是加拿大,看情况尽可能——我很喜欢。

回答您的问题——我的状况如何:在目前可能的范围内,很好。

您是在什么情况下离开了纽约?

回加拿大的过程很顺利。疫情并不是我们离开纽约的唯一理由,另一个缘由是整个社会弥漫着的贪欲,它不允许不是百万富翁的普通人过上哪怕是合情合理的生活,简直荒唐离奇。我实在不愿留下。特朗普和病毒近似——它们感染一切事物。只要离开屋子,我们就会呼吸到它们:病毒在空气里,特朗普在空气里。

那时我们看到的纽约已不再是从前的纽约。W. H. 奥登加入美国国籍的那一刻,他说:"我没有成为美国人,我成了纽约人。"纽约曾是个出尘脱俗的地方。回到加拿大是正确的。但我已经老了,充满了疲惫感。我不希望有变化,只需按部就班。只是眼下这些辗转奔波的零零碎碎还望不到头呢!

蒙迪翁的图书馆

除去写作《阅读史》,以及为博尔赫斯朗读这两大光环,您还因为位于法国乡间蒙迪翁的私人图书馆而闻名。您是怎样建立这间图书馆的?

我在卡尔加里居住期间,《阅读史》出版。它被翻译成三十五种语言发行,在德国以及法国都成为畅销书。于是我第一次挣到了足够多的钱,可以买下一栋房子。由于加拿大没有适合购买的房屋,我们前往法国寻找。旅途中,我们曾前往普瓦提埃①,那是在 2000 年,那个地区物价很低,我们找到了那座牧师住宅。

---

① 法国西部城市。

这是一个新的开始。

它实现了我所有的梦想：理想中的乡村，理想中的花园，我终于有一个地方可以放下我所有的书。十五年天堂般的日子，可是天堂的本质就是我们终会失去它。2015年，出于一些纯粹的行政原因，我们不得不离开。纽约的普林斯顿大学和哥伦比亚大学为我提供了讲师教职，所以我们去了纽约。

在蒙迪翁，这种幸福感来自何处？

来自建造图书馆，这是我们寻找房子的首要目标。我一辈子藏书，却从未拥有足够的空间可以把分散放置在各处的书汇集到一处。有些书散失了，有一些在我妹妹的住处，还有一些存放在出版社。当时我大约拥有三万册书，其中大部分存放在加拿大的一间仓库里。

您是怎样找到蒙迪翁的？

我们参观了普瓦图-夏朗德大区一些非常棒的房屋，这个地区延续着古罗马的艺术传统，还保留着11至14世纪的古建筑。一些漂亮的房屋价格并不昂贵，用数十万欧元就可以买下一座庄园或一座古堡。中介带领我们参观了许许多多有趣的建筑,最后我说,我的愿望可能有些荒唐:"您手头是否有待售的修道院?"说这话时,我想象着十字形回廊,两侧立柱成行。中介回答道:"没有修道院,只有一座牧师住宅。"我们从普瓦提埃出发,半小时车程后到达一个小村庄,我立刻爱上了那个地方。小村庄仅有十座房屋,牧师住宅位于一条窄巷尽头,紧邻小教堂,宅前有石墙矗立。推开高大的门扇,一座花园朝向庭院深处展开,左侧是住宅及教堂,右侧有一座倾颓的石头建筑,那是旧谷仓,我立刻想到,那里可以做我的图书馆。见到它的第一刻我就知道,这是我想生活的地方,它仿佛从天而降。

接下来事事皆备于我。一位热心的建筑师协助我们实施修葺工程,她恰好住在村里的古堡中,她为我们找到了懂得按照13世纪风格筑墙的工匠。不同规格的石块,工匠们称之为"大字""小字"——传递石块时,我们听到他们彼此呼应,"来一个大字""来一个小字",十分有趣。铺地的材料,建筑师主张采用一种特制瓷砖,这种瓷砖可以让大地的热量穿过自身,向上透出。建筑师向我们推荐了手工制作瓷砖的工匠,他住在两小时车程外的另一个村庄。一切都完美得无可挑剔。我们发现旧货市场里可以找到不同寻常的物品,这里有些像"以马伍斯社区"①,类似救世军组织。乡里的村民不喜欢他们的旧家具,他们更喜欢宜家家具那样的现代样式。就这样,那些两三百年前的旧家具,被我们从旧货市场里淘出,永久地成为我们住宅的一部分。

我的伴侣打理花园,我们养了一条狗,伯尔尼山地犬,名唤露西,它是世界上最可爱的动物。它与我们生活了十五年,在我们离开蒙迪翁后死去。

您是怎样布置图书馆的?

一切亲力亲为。当最后一本书进入它的位置,我带着瓦格纳的《唐豪瑟》②序曲来到图书馆,播放器调到最

---

① 法语 Emmaüs,于1954年由皮埃尔神父在法国创立。这一团体没有宗教信仰,旨在通过各种手段与贫困和排斥做斗争,通常基于回收和再利用,即回收捐赠物品,清洗、修复后进行售卖。
② 德国音乐巨匠瓦格纳于1845年创作完成的一部浪漫主义风格歌剧。《唐豪瑟》序曲是音乐会上经典的保留曲目,序曲叙述了全剧故事梗概,体现了作品的救赎主题。

大音量,我邀请克雷格进入。在朝圣般的乐章里,我们陶醉地欣赏着藏书。图书馆成了一个出名的地方,常常有人前来摄影,还有一些纪录片拍摄。我得外出讲学,这是我的工作,但我总是眷恋着图书馆的仪式感,不愿分离。

怎样的仪式感?

清晨五六点起床后,半睡半醒,走进楼下的厨房,露西向我问好。给自己沏上一杯茶,走进花园,坐在木头长凳上看日出,日光越过后墙和教堂的树梢。接着我去图书馆二楼右侧的书桌,露西一路跟随。我写作的时候,露西躺在我的脚边,无论我写下什么,露西都是第一个听众。上午写作,下楼准备午餐,接着午睡。下午阅读、翻译或者做笔记。晚上我们有时一起看电影。克雷格有时弹钢琴,我听着琴声阅读。

这样的生活很幸福。

您常常搬家。您会丢弃书吗?

活到现在为止,只有唯一一次,我丢弃了一本书。我曾应约为布莱特·伊斯顿·埃利斯的《美国精神病人》撰写评论。这本书在我看来实在糟糕,它让人感觉就像患上了传染病,我觉得读完后必须冲个热水澡。书里充斥着描写疼痛的个案,狰狞恐怖,比如卡夫卡可怕的小说《在流放地》,或者想一想《李尔王》里葛罗斯特伯爵的眼睛被剜出的场景,当然还有不少萨德侯爵的作品。然而,好的文学作品不会纵容赤裸裸的偏见与暴戾,也不会刻画纯粹的恶。好作品是多义的,它会以上下文的叙事,允许读者从某一个角度切入,去理解它所描写的恶。

以 J. M. 库切《等待野蛮人》里的乔尔上校为例。乔尔上校是邪恶的化身。他相信,只有给他人施加痛苦,自己才能获得真理:给别人带来的痛苦越多,自己就越接近真理。然而从某一个时刻起,就像卡夫卡小说里描写的那样,是否获得真理已经不再重要,只剩下给他人施加的痛苦。

库切和卡夫卡作品中的这些内容,都源自同一座哲学思想的大厦。① 但《美国精神病人》描写的是施虐者有意识地折磨他人,尤其是女性,所获得的快感。构成痛苦

---

① 应指《等待野蛮人》和《在流放地》带有的存在主义色彩。

的每个瞬间被描写得纤毫毕见——用什么手段、怎样实现,这些内容让我备受煎熬。我无法躲避它们。如果不是为了撰写书评,我绝不会看到最后一页。书评完稿后,我将这本书扔进了垃圾桶。我感觉它仿佛会污染图书馆。

我承认我会丢弃书。糟糕的书实在太多。

糟糕的书很好啊!它们在我这里有一个集合:有保罗·柯艾略①的书,还有丹·布朗的《达·芬奇密码》。它们并无过错,只是糟糕。这是个写作问题,因此适合用来举例。读过《达·芬奇密码》,你就知道做读者有多么辛苦——与阅读詹姆斯·乔伊斯或何塞·莱萨马·利马②的作品相比,丹·布朗的读者需要破译谜语,纠正笔误。有时读者会发现,小说里再度出现的某个人物,在第三章之后就已经死了。

---

① 保罗·柯艾略(Paulo Coelho,1947—),巴西作家,著有寓言小说《牧羊少年奇幻之旅》。
② 何塞·莱萨马·利马(Jose Lezama Lima,1912—1976),古巴诗人、小说家。

您按照什么方法归类整理蒙迪翁图书馆的书？

我根据作品原作的语言分类,然后按照字母表顺序排列,不考虑作者性别。所有的德语作品集中在一处:海涅、卡夫卡、恩岑斯贝格①等。当然还有许多精选。但丁、博尔赫斯、奥古斯丁,都设有专门的单元。此外,神学、唐璜传奇以及浮士德传奇等也都设有专辑。作家作品选集独占一间,还有一间屋子全部是侦探小说。厨房有许多烹饪书以及关于食物的文学作品。

这个问题属于图书馆拥有者的禁忌,可我还是要勇敢地提出:图书馆目前藏书四万册——其中有多少是您实际读过的？

每一本书都翻开过。有些我读过两百遍,就像《爱丽丝漫游奇境记》,有些只读了一个字,还有一些打开后又合上了。

我和书籍的关系,对应着我和世界的关系,后者是前者的复刻。我不会看每一棵树、每一片云,不会和每一个

---

① 汉斯·马格努斯·恩岑斯贝格(Hans Magnus Enzensberger, 1929—2022),欧洲顶尖作家、批判思想家之一。

人说话。但我知道它们存在，它们是完整世界不可或缺的一部分，而我身处其中。这个道理同样适用于书籍的世界。我不知道在什么时候我会需要哪本书，或者我最终是否会需要。即使一生如此长久，书籍依然用无限的耐心守候着我们，就像但丁的作品那样，陪伴我一路走来。

您总是能找到想找的书吗？

提图斯摧毁了第二圣殿之后，犹太人依旧进行着他们的仪式，仿佛圣殿还在那里。地图存在于我们的脑海里。如果您问我："歌德格言在哪里？"我会清楚记得相关图书所在书架的位置，然后伸手抽出这本书。图书馆仿佛是我的幻肢：截除手臂，依然会感觉到手臂发痒，而我能够感觉到我的图书馆。

并且，我不仅知道书的位置，还记得引文所在的页与行。对文字的记忆是我仅存的记忆。在图书馆以外的地方，我常常不知道应该向左转弯，还是向右，即使在这只有十座房屋的村庄，我也会迷路。我会忘记人的名字和他们的长相。如果有一天我见到您，需要花费一点时间才能想起您是谁,请见谅。

蒙迪翁发生了什么?您为什么会失去那里的天堂?

与官僚主义的战斗,贯穿我的一生。在法国的十五年,我得到了法国文化部的最高荣誉——文学与艺术司令勋章,普瓦提埃一所文理中学的图书馆以我的名字命名。

然而在尼古拉·萨科齐任总统期间①,我在一次采访中批评他的一些做法违宪。这种情景让我想起了早年阿根廷的经历。军事独裁政变前一天,人们还在说,这在阿根廷绝不可能发生,可是接着就发生了。人必须小心翼翼,哪怕社会还算安定。从"权威"突变到"绝对权威",只隔着一层纸。

采访视频被放上 YouTube 视频平台,萨科齐的一位好友任职于普瓦提埃财政部门,他在报复。具体细节这里省略,但您是否知道,法国和加拿大之间存在一份双边税收协定?加拿大税务曾向我们征税,因此我们仅在加

---

① 萨科齐 2007—2012 年任法兰西第五共和国第九任、第六位总统。

拿大缴纳了税款。一天,我们收到了普瓦提埃财政部门的公文——我们需要向法国税务部门补缴过去五年的税款,一同寄来的还有图书馆全部的购书发票。事件拖延数年无法解决,我们不得不请了律师。公函隔天便会寄来一次,压力巨大,我的中风也因此而起。

然后我得到了普林斯顿大学和哥伦比亚大学的教职,克雷格也可能获得荣格研究所的一个职位,于是我们想:我们太老了,已经无力坚持,只能离开。2015 年,我们出售了蒙迪翁的房子,前往纽约。我们将图书馆所有的书用木箱寄往蒙特利尔,存放在我的出版人那里。

经历蒙迪翁的打击后,您是怎样挺过来的?

写作,我写了《封存图书馆》。如果郁闷不能在创作里消散,我不知道人类该怎么生存。在我们所处的社会里,慈悲、共情、好奇心、智慧、平等和公正的价值一直在被摧毁。这样的社会就像一台巨大的推土机,摧毁着一切,房屋一座接一座倒下,真实得仿佛可以亲眼看到。这或许将导致集体自杀。我不能理解,如果没有一种建设性的力量支撑被摧毁的深渊,人类该怎么生存。这种建设性可以来自一块自己烘焙的蛋糕,来自养育子女,或是绘画、作曲,抑或我们可以舞蹈或写作。

离开蒙迪翁令人伤感。我向您提到过,龟在我童年时代很重要。克雷格研究过龟的象征意义,为此,他在法国南部的一个保护区度过了整个夏季。保护区放养着许多受伤的乌龟,其中不少是因为龟壳被收割机削去。克雷格及其他志愿者用漆再造龟壳:层层覆盖的漆,形成了新龟壳。这画面深深刻在我的脑海里:我在离开蒙迪翁的时候,感觉自己就是一只被削去龟壳的龟。蒙迪翁曾是我的龟壳,它给我安全感。我们在这里打造了每一个细节,我们找到了铺地的瓷砖,在周末市集和跳蚤市场淘到了很多小物件。离开蒙迪翁,对我而言,是个真实的悲剧。

后来有过重建图书馆的计划吗?

一直有人想方设法帮我重建图书馆。在纽约,一次俱乐部的演讲之后,两位俱乐部成员对我说:"我们将设立基金,让图书馆在纽约安家。"他们筹集到了资金,还缺一座房子,但我们没有找到。魁北克市市长愿意提供一座精致的教堂做图书馆,那里已经成为文化活动中心。我非常兴奋,我们举行了多次会议,十多位当地学者联名写信支持。然而魁北克市决定投资兴建有轨电车,所有的资金都将流向那里。

还有人提议前往伊斯坦布尔和墨西哥城,但是都没有成功。我想,不会有机会了。可这时转机来了:里斯本市市长有意在老城一座古老的宫殿里设立图书馆。2020年2月,我前往里斯本,商谈这个项目。我曾担心项目会因为疫情而终止,但它如期推进。建筑物需要修葺,到2022年,图书馆应该可以迁入。葡萄牙是一个相信未来的国家。

书中有书

让-保罗·萨特说过,诗人和哲学家是"纯粹创作的作者";与之相对的是"加工素材的作者",他们不是素材的创造者。您两者兼有:不仅就书论事,而且创作小说。

和每个阅读小说的少年一样,我也写过短篇小说和诗歌。后来我意识到,自己不可能写出如博尔赫斯、史蒂文森或歌德那样的作品,于是我成了一个读书人,这让我快乐。我在"素材之上"写作,我没有创造它们。

我的许多朋友仅仅阅读英语作品,而我用多种语言阅读,所以我开始编撰作家作品集,这是个人阅读的进一步深入。我撰写导读,翻译作品。

20世纪70年代住在米兰期间,我的朋友詹尼·瓜达卢皮和我共同汇编了文集《想象地名私人词典》(德语版《从亚特兰蒂斯到乌托邦》)。当时我们二十岁出头,时间充裕。事情是这样开始的。詹尼是个了不起的读者,一天,他对我说:"我读完了保罗·费瓦尔①的《吸血鬼之城》。我们可以为吸血鬼的城市写一本蓝色旅行指南②,就像这城市真实存在一样。根据指南,读者可以找到吃饭睡觉的地方,可以知道怎样到达这些地点,等等。"于是我们着手写作,完成之后,我们开始了下一本书。

我们制作精致的地图:估算出查伦诺教授③从亚马逊河畔印第安村庄出发,到达失落世界的时间,以及一个壮汉在南美密林中,用伐木的方式开道,最终可以到达的距离。不能使用作品之外的信息,把作品提到的一切当作现实。我们极其投入地工作,两千个主题条目构成了一本厚厚的书,大获成功,伊塔洛·卡尔维诺为此撰写了短评。

---

① 保罗·费瓦尔(Paul Féval,1816—1887),法国作家。
② 指法国阿歇特出版集团推出的深度旅行指南系列,封面为蓝色。
③ 阿瑟·柯南·道尔的科幻小说《失落的世界》的主人公。

汇编文集的秘诀在哪里？

我对作品的整理，会从不同的阅读体验出发，形成若干文学类型。就拿海明威的短篇小说《杀手》来说吧，它讲的是两个不知悔改的男人寻找并试图杀死另一个男人。故事从一个少年的角度叙述。如果这个故事收入侦探小说集，它就是一篇侦探小说；如果收入一本专门描写男性形象的文集，它就代表了一种有象征意义的男性举止；如果我们把它收入青春文学作品集，读者的注意力就会转移到少年的观察视角上。无论是文学作品还是电影，都带有解读视角的标签。从疫情的角度出发，许多小说都可以放在贴着"疫情文学"标签的书架上，曼佐尼的小说《约婚夫妇》就是其中一部，但它同时又称得上意大利文学中的最佳爱情小说之一，眼下我们看的是它故事里的疫情大流行。所有的僵尸电影一下子都成了有关疫情大流行的电影。

当我们以特定视角为事物贴上标签时，实已对其造成了污染。一方面，视角丰富了我们的阅读，但另一方面，其他的解读角度就被排除了。

实体书

您热爱文学,更热爱书籍本身。作为物理实体的书籍对您有什么意义?

博尔赫斯是我所认识的最伟大的读者,可是他对书籍本身完全没有兴趣。若他对某本书怀有感情,那也是因为书本属于他的母亲或是来自朋友的馈赠,除此之外就没有其他的意义了。一直以来,他都会赠出他的书。我去他家中时,我们谈论威廉·詹姆斯①,然后他说:"把书带回去读吧。"

我所说的对书本恋物般的感情,博尔赫斯是没有的,

---

① 威廉·詹姆斯(William James,1842—1910),美国心理学家和哲学家,美国机能主义心理学和实用主义哲学的先驱,美国心理学会的创始人之一。

他和我完全不同。当我翻开古旧书目,浏览昂贵珍本图书的书名时,我感觉自己就像美食家打开了菜单。我喜欢精致的书,喜欢它们美丽的封面,还喜欢那些彼此关联的书。虽然我没有足够多的钱,可以买到我想要的一切,但有时候我买书只是因为它的美或因为它非常古老。我有一版西塞罗作品,由阿尔杜斯·马努修①出版,一位文艺复兴时期的威尼斯出版商。还有一些书,尽管新版添加了便于阅读的注释,已在市场上存在了许久,我收藏的还是老版本。

"恋物"的意思是,赋予一个事物神圣的光环。您的书也闪着神圣的光吗?

中世纪的书十分珍贵,所以《圣经》及其他宗教书会以一块织物覆盖。绘画作品中的圣徒手持书本时,手和书之间同样隔着织物。在有些绘画中,书被放置在王座上,宛若神灵。我和书籍之间没有这样的关系。书籍不

---

① 阿尔杜斯·马努修(Aldus Manutius,1449—1515),一位意大利文艺复兴时期的印刷商、出版商和印刷机发明家,被认为是现代印刷业的奠基人之一。

是我的神灵，我一边读书，一边在书里做笔记。

您在《阅读史》中提到，书籍在发展过程中变得越来越小，从石板，到卷册，到羊皮本，又到口袋袖珍书。电子书最终舍弃了实体存在。您怎么看待电子书？

我没有接触过电子书。这并非贬低，只是个人偏好，如同桃子有人喜欢有人厌恶。我不喜欢虚拟文本。疫情大流行时期当然必须感谢它们的存在，因为我可以通过电子邮件和朋友们联络。但我不读电子书。

为什么不呢？

我要把书拿在手里，感觉它的轻重大小。我喜欢一页页翻阅的真实感觉，喜欢在书里做笔记。液晶屏使得所有的书变成一个模样，不管是丹·布朗的小说，还是柏拉图的经典，像这样抹杀差异，我并不欣赏。我还喜欢在封面看到出版社的名称。但再次强调：这不是贬低。

图书馆拥有四万册图书，我几乎不可能会说，这本书我没有。如果没有，我会购买。但我知道，我不会读完这四万册书，因为总有新书等待我去发现。

互联网怎样改变了您的生活？

雷·布拉德伯里,《华氏451》的作者,把互联网叫作"大型消遣设备"。人们怎么会花时间去看一只猫一口一口舔冰块呢？当然,我们也可以在"谷歌学术"等网络平台上找到有趣的学术论文,如果通过其他渠道寻找,可能必须等待很久。

您从未接触过社交媒体吗？

从没有,并且我也没有这个打算。但这里也强调一下:这不是批评。我在互联网上唯一的网站是 www.manguel.com。这是两位德国汉堡的朋友为我创建的,两位特别诚实可靠的古董商,哥特瓦尔特·庞可和卢采·帕贝尔。他们把网站建好后交给了我,而此前网络上已经出现了其他人创建的某个阿尔维托·曼古埃尔网站。我说:好,现在我们有了一个官方网站。我精选了我的文章,发表了正式的个人生平简介,如果外出讲学,网页上会公布我的行程安排。

您还从未使用过移动电话。

移动电话对我又有什么用处呢？如果我是脑外科医生，有人可能必须在凌晨三点因为急诊手术联络我，那么我一定要有一部移动电话。或者我有一辆汽车，有可能在荒野抛锚，需要电话求助，但我没有汽车。甚至是某人去世的消息，通过电子邮件或固定电话联络，又会怎样呢？

您使用维基百科吗？

我得承认，有时我会。当我需要快速找到莎士比亚去世的年份时，我会查阅维基百科。但查阅的结果我会核实，并且我怀有作弊的感觉。

原因是什么？

我的朋友、已经去世的诗人理查德·奥特拉姆，生前拒绝为自己购买韵书。他说："如果韵脚不在我的大脑里，它们就不属于我。"如果我无法想起某个关于迈蒙尼德的信息，我会查阅相关书籍，比对查阅结果，并且形成自己的观点。相反，如果观点直接来自网络，它的形成过程就没有包含我的参与。

此外还有一些非理性的原因。当我还是个孩子的时候,我就不喜欢别人告诉我应该读什么书,或者应该怎样和我的动物们玩耍。如果一位教师对我说:"每人写一篇关于古罗马史的作文,例如,可以写尤利乌斯·恺撒的征战。"那么从教师说出"例如"那一刻起,很显然,我就不打算写这个主题,因为这不是我的决定。也许是因为傲慢或骄傲,我想,这种拒绝建议的习惯,算是个坏习惯。罗伯特·路易斯·史蒂文森的儿童诗歌集里有一首小诗,是这么写的:

> 待我长成大人物
> 相当自豪也很威武
> 再去告诉他们女孩男孩
> 不可乱动我的玩具宝物。

我要别人把手从我的玩具上拿开。

今天万事万物间只有"点一下鼠标的距离"。知识会

因此失去价值吗？

这和知识又有什么关系呢？知识和知识的堆砌是有区别的,塞涅卡谈论图书馆拥有者时,如此说道。

什么是知识？

我没有答案,但我想说:知识就是提出令人产生满足感同时没有标准答案的问题。

作曲家赫尔伯特·布吕恩[①]**曾提出"合理的问题"这一概念。**他说:"一个合理的问题是没有标准答案的。"

这是对文学的一种定义。

[①] 赫尔伯特·布吕恩(Herbert Brün,1918—2000),德裔美籍音乐理论家和作曲家。

文学和治愈

阅读会让我们变得更好吗?

我曾向您说起过我的高中。那里有一位文学教授,他教我们阅读卡夫卡,阅读雷·布拉德伯里,我们从中感到自己是这个文学世界的一部分。我们向这位老师学习文学作品如何讲述人类以及成年人的恐惧。那时我十四五岁,这位教授为我打开了通向文学世界的大门,同时他个人也进入了我的生命。高中毕业后,我十九岁,去了欧洲,那时阿根廷军事独裁刚刚开始。这所高中恰恰位于意识形态风暴的中心,阿根廷的很多知识分子和政治家毕业于这所学校,因此它也成了独裁当局的眼中钉:许多学生,包括我的朋友,遭到逮捕和刑讯,一些人被残酷地杀害。

多年后,我遇到当年的一位校友。他在独裁时期流亡至巴西。我们谈起往事,谈起学校和老师。我对他说,我第一个想到的人就是这位出色的文学教授,我的校友却对我说:"你不知道吗?"他是独裁当局的眼线,他就是秘密告发那些学生的人。他不仅告发他们,更因为他对他们非常熟悉,甚至就刑讯的具体方式,向当局提出建议。

您当时是什么反应?

我问自己了三个问题。第一个问题:这个人犯下罪行,但我认同他对文学的部分看法,因为他赞同刑讯儿童,所以他因文学而建立的形象也由此丑化,我应该否定他对于文学的一切所言所感吗?第二个问题:我应该忽略别人对我叙述的与此有关的一切,维护我心目中曾经启发我、让我带着共情读书的教授的形象吗?第三个问题最难回答:我是否应该搁置问题,任两者共存,承认他既是大师级的读书人,亦是告密者?

这些问题在我一生的写作中令我无力面对,最后我决定,把它们写下来——就这样我写了第一本小说。

1991 年,小说《来自异国的消息》(*News from a Foreign Country Came*)出版。您如何将这些经历转化为文字?

小说主人公是法国军队退役军官,他服役时曾在阿尔及利亚战争期间审讯囚犯。在他即将退休前往魁北克之前,却接到任务为阿根廷军队培训刑讯手段。

我在写作过程中对自己说:我不要描写那些折磨,但我必须知道,这个人是怎样说服自己的。我需要了解,当一个人为了给其他人施加痛苦,预备种种刑具时,他的感觉是什么。可是我无话可写。我的朋友、小说家苏珊·斯万对我说:"当你能够想象自己亲自在做这件事的时候,你就可以把它写下来。"这就是这个人物的关键。我当然知道我不可能去做,但我必须承认,我拥有对某人施加折磨的想象的可能。这很艰难,可是只有知道过程,才能够描写。

这听起来像是一个研究项目,您想要有所发现。

写作也是一种净化:诉诸文字,让文字留在书本里。我知道我可能无法忘记这件事,但它应该不会继续在我大脑的四壁上锤击不止。

所以它是一种治愈吗？

文学就是治愈的。

文学作品以什么方式治愈我们呢？

文学创作并不以治疗为目的；同样，它也不以政治宣传、爱情表白等事物为目的。文学作品只是偶然具有了上述特质。优秀的作品遵守着隐含的内在法则。当作者能够自觉地遵循这些法则，作品将会朝向它最好的面貌发展。如果作品偏离了真实，流露出俗气或敷衍，读者会立刻发现。例如少年维特的自杀，我一直认为这是个错误。假如歌德在写作上更大程度地接近他在《亲和力》中的写法，维特的故事可能会比今天有趣得多。《少年维特之烦恼》讲述了一个四人乒乓乱局，让其中一个人自杀或死亡，并没有解决问题。每当小说里的人物自杀，我就会感到，作者仿佛在试图逃避什么。作者没有勇气让角色继续活下去。萨缪尔·贝克特的小说里没有人自杀，虽然那些角色有足够的理由去死。

再回过头来看文学作品的治愈作用：如果读者能够将小说投射到自身的经验世界里，那么阅读书籍就像亲近大自然一样，可以治愈伤痛。大自然并没有治疗或取悦人类的目的，它只是存在。但我们只需与其建立一种关系，就能创造意义。

那么作品对于作者自身呢？写作同样可以治愈作者吗？

作者的内心无人知晓，甚至他本人都不知道。每当评论家推测，某位作家试图达到的目标是什么，或者作家的感受如何，都纯属虚构；那些领悟作品精神后的推测已经属于最好的情况。但首要的是，这种推测完全不重要。身为作家——这样称呼自己，我是相当犹豫的——我从写作中获得快乐、安慰与宁静。在这个加速疯狂的世界里，写作是唯一能让我内心平和的所在。

大学的文学课告诉我们，不要混淆小说的作者和小说的叙述者。

这种混淆常常出现在读者的脑海里。读者将叙述者的性格特质转移到作者身上，这绝对是非常普遍的现象。于是许多读者认为，因为歌德写出了《浮士德》，所以他本人也会因衰老而恐惧不甘。如果作家写出了《浮士德》或《堂吉诃德》这样伟大的作品,公众就会倾向于认为,写出此等作品的人同样具有卓尔不群的道德品质。然而事实并非如此。我们知道彼得·汉德克的例子:他是出色的作家,却在赞美大屠杀的凶手以及酷刑的实施者。① 这怎么可能发生？现在,这是可能的。写作的发生并不是通过生活在日常世界中的人,而是依赖人的想象力和创造力,这两者间没有关联。

美国散文作家威廉·加斯说过,"有时候,好书是坏人写的"。

普通人和创作作品的艺术家并不属于同一个宇宙。他们只是恰巧寄住在一个身体里,彼此泾渭分明。莎士比亚在晚年成为令人恐惧的收税人。但丁傲慢而跋扈。卡拉瓦乔成了杀人犯。塞万提斯为其姐妹充当皮条客,被人告上法庭。荣格与纳粹有过交集。路易-费迪南·

---

① 彼得·汉德克的争议源于20世纪90年代的波黑战争。彼时已成名的汉德克公开与西方的政治圈和舆论圈唱反调,认为塞尔维亚人"也是战争的受害者",认为米洛舍维奇这个西方口中的"独裁者"和"屠夫",不过是在保卫自己的国家和人民。

塞利纳,20世纪最伟大的小说家之一,曾写过支持法西斯的反犹政论文,这些政论文绝不是好的文学。

当一个人成为作家,开始写作的时候,他会发生什么变化?

您的问题就是:为什么缪斯女神亲吻了路易-费迪南·塞利纳,却没有眷顾好人汉斯·米勒——他养育孩子,爱他的妻子,却只能写蹩脚的诗?《圣经·约伯记》提出了这个问题,却没有答案。为什么幸运、启示以及我们能想到的一切优越,会降临在某些人身上,而他们看起来似乎有些配不上?我也无法回答。

当坏人开始写好书时,他们会发生什么变化?转变的关键在哪里?

在于他们的天赋。坏人可以同时是世界上最好的诗人。您可以想一想洛特雷阿蒙[①]的例子。他拥有最阴森、最黑暗、最粗野的想象力,超乎您的想象,当然,他这

---

① 洛特雷阿蒙(Comte de Lautréamont,1846—1870),法国诗人。

么做是为了证明,一切关于邪恶的想象完全是浪漫化的。他曾说过:"你们想要恶?那你们就有了恶!"

显而易见,艺术不能保护我们。

当然不能!艺术守护着我们,给予我们启示和教养,让我们变得更好——这是某些好心人编造出来的。艺术不是必然要做这些事,它可以选择。可能您去读《古代阿波罗残像》这首诗,它会改变您的人生,正如里尔克所要求的那样,①可是对于百分之九十九的人而言,不是这样。用一个常被提起的例子:一个纳粹军官用毒气杀害犹太人之后,晚上回到住所,听莫扎特的音乐——这是真的。莫扎特会改变他吗?不会。莫扎特会改变您吗?会的。

---

① 里尔克的十四行诗《古代阿波罗残像》的最后一行有"你必须改变你的生命"这个句子。

讲故事的动物

"我们需要故事才能生存",美国作家琼·狄迪恩如是说。

我把这种叙事冲动看作人性的组成部分。叙事冲动产生了两个走向:一个是讲故事的自然冲动,另一个是听故事的自然冲动。那些无人与之交谈的儿童可能会死去。

我们通过故事向自己解释世界,但这些故事原本出自我们的构想。我们所说的现实或历史的真相,就是我们对现实或历史事件的讲述。恩斯特·布洛赫曾在"一战"期间就战争的谎言写过一篇文章。据他所知,战争应该是谎言最肥沃的土壤。今天我们可以看到,谎言根本不需要战争来浇灌。在某种政治气候下,我们认为可以用来衡量民主的准则被公然忽视,谎言成为现实的叙述,人们相信它。

在许多语言里,"叙述"与计数相关,不仅德语里的"叙述"erzählen 是这样,英语"告诉"to tell 也可说 to recount,就像法语里的"讲述"是 raconter。

书面语言的开端并非写诗,而是记账。有关贸易最早的文字记载写道:两只山羊,两只绵羊。

我还是无法理解。为什么写作的开端不是写诗呢?

诗人不需要文字。荷马的史诗在脑海中汇成乐章,许多诗人在想象的音乐中写作。所以博尔赫斯说,失明之后,他会继续写诗,因为诗句如同音潮向他袭来。然而账房先生必须记录数量。要把四百宗买卖的记录记在脑子里,相当困难,所以,必然地,当人们打算记录内容的时候,就有了文字:"我卖给你两只山羊,一只已付款,还有一只未付款。"

更有趣的是诗人对会计艺术的创新转化。诗人猛然间对自己说:"如果不去记录卖出两只绵羊之类的事情,我也可以写下我想出的诗句啊,让看到它的人能够阅读并朗诵。"想象力在这里凸显,促使一种功能向另一种功能转化。

什么因素将我们变成了故事的讲述者?

人类的想象力已经发展为一种生存工具——当我们要做这件或那件事的时候,我们会猜测:后面还会发生什么呢?这是对可能发生的事件的想象,在此基础之上,进一步形成了解释世界的能力,用以回答关于我们自身、关于人和万物关系的问题。

讲故事的需求对应着理解世界的需求。世界不给我们答案。世界是个无声且笨拙的巨人,它不需要我们,独自存在着。病毒比我们人类强大得多,而世界并不在意最终活下来的是谁,病毒也好,人类也罢。无论病毒如何,它们并无目的,因为病毒不具有意识。但我们人类有意识,这也证明了,想象力为人类的生存服务。如果病毒遭遇生存危机,它们不会叫嚷:"让我们留在屋子里面并且戴好口罩吧。"但我们会这样做。我们已经掌握了与疫情战斗的策略,因为我们是人类,我们讲故事。

多年来，气候学家约翰·舍恩胡贝一直在发问：能够讲述气候变化的诗人荷马在哪里？

我们总是需要一位诗人荷马。各种宗教在创立之初就已经懂得这一点。能够说服世人的不是说教，而是故事。每一种宗教都必须讲自己的故事，没有故事就没有信徒。

不过，关于气候变化的文学，我并无兴趣。气候变化是存在的，我们必须有所行动，这毫无疑问，可是文学作品在其中的处境就像卡珊德拉①。卡珊德拉哀叹："灾难将会到来！"而其他所有人只是调侃："哦，是啊，很显然，多么有趣啊！"文学作品在诞生之初，就向我们警示了气候变化的危险，《吉尔伽美什史诗》中已经出现了大洪水的故事。

文学既没有建立秩序的义务，也没有这种可能。文学能够把一种经历展现在我们眼前，能够让我们直面诸多处境，但即使是优秀的文学作品也无法提供答案，它们只是提出问题，通过这些问题，我们学会提出更好的问

---

① 据希腊神话和英雄传说，卡珊德拉是特洛伊的女预言家，她预言了特洛伊战争，却无人相信。

题。文学作品不是说明书。《哈姆雷特》让读者感到愉快，尽管它并不是一个喜剧故事。当我们在文字中体验生活，我们就会感到快乐，即使这种经历本身并不愉快。

那么您不信任"介入文学"，不信任文学的政治功能吗？

哦，我信任，但是介入文学必须首先是文学，然后再介入。数百位作家曾以纳粹对犹太人的大屠杀以及南美军事独裁为主题写作，然而，坚决反对某种事物并不足以让文学作品诞生。这是一种可怕的困境：诗人备受煎熬，却写不出一首好诗。自我牺牲并不能获得奥林匹斯山的通行证。

就像 W. H. 奥登所说："诗歌是无用之物。"

奥登错了，诗歌有很多功用。一首诗的长度不超过一页纸，却有可能蕴含真理，激起感动，给予启示。诗歌促使我们对事物提出问题，更能启迪思考。但这些只是可能。我一直在阅读那些精彩的句子、优秀的小说以及经典的角色，它们感动我，然后我合上书，喝咖啡，没有任何事情发生改变。但有时的确会有一点改变,只是一星半点,有时候。

然而很多人对此无动于衷,因为他们没有对文学叙述敞开怀抱。我可以向这些人讲述,如果他们再次选择特朗普,将会发生什么。文学作品里早就写过了,写在许多长篇和短篇小说里。他们回答:"OK,非常有趣!"然后继续他们正在做的事情,就像什么也没读过。

为什么会这样?

为什么文学作品无法改变我们?因为读者和文本之间是一种相互决定的关系。如果读者与作品间没有交流,不质疑,不反对,不赞同,不评论,也不接纳,那么读后只会留下一片沉寂。为什么读者与作品没有交流呢?也许是因为害怕,也许是由于懒惰或无知,也许是因为他们不相信自己的阅读能力。我也无解。

卡夫卡认为文学是劈开冰封心海的利斧。

句子很美,但我觉得不对。如果文学作品如斧头落下,那会产生摧毁的效果。我们冰封的心海中凝固着某些事物，它们已经停止流动，但这也暗示着曾经有过的流动。无论如何，其中蕴藏着巨大的力量。

但我知道卡夫卡的另一个比喻，借来形容作品、作者和读者三者间的关系，更为贴切。卡夫卡说，假设建造了巴别塔，却无人登塔，那么这样的塔应该是可以被允许的。文学作品就是我们不会登上的巴别塔。文字是经验的表达，但并非经验本身，也许已足够。不管怎样，于我，已足够。

您在自己的书里提起过"阅读道德"。您能解释这个概念的所指吗？

文学创作过程中存在三个角色：作者、读者和作品。三者互动，个性分明。作者也许人品卑劣，但颇有诗情，足以笔下生花。作者的私德无足轻重。路易-费迪南·塞利纳的人品令人怀疑，作品却依旧出色，不沾染一点卑鄙的气息。

读者有另一种行动方式。作品需要经过读者道德之网的筛选，因为读者有自己的阐释水平。在一次诗歌朗诵会上，有人问 T. S. 艾略特，诗句"三只白色的豹子蹲在一棵桧树下"①有什么含义。艾略特回答:"'三只白色的豹子蹲在一棵桧树下'的含义就是'三只白色的豹子蹲在一棵桧树下'。"这是一位字面意义上的读者,他说:"我无法超越文字本身。"作品阐释始于字面的朴素,直至层层递进,天马行空。谋杀约翰·列侬的凶手读过塞林格《麦田里的守望者》,他认为是小说告诉他必须杀死约翰·列侬。

但我认为,我们可以定义好的文学作品,而不是道德无瑕疵的文学作品。我们所说的好的文学作品,充满多义性,它不会在字面上告诉读者一个绝对的判断。即使文中出现"所有犹太人都应该去死"这样的句子,也必须在特定上下文中对它提出疑问。无论如何,好的文学作品不包括塞利纳写过的那种政论腔调,那不是文学。

---

① 出自艾略特的诗歌《圣灰星期三》。

宗教里的想象

您几乎没有给外界留下犹太作家的印象。但从儿时起,您身边的一切都和犹太人有关:父母、保姆以及特拉维夫,您的家人生活在立国不久的以色列。您对自己的犹太人身份有何感受?

我对犹太教的认识始于少年时期。虽然我们生活在以色列,但因为我的父亲是大使,代表阿根廷,所以一直以来,我们庆祝天主教节日。我非常熟悉复活节、圣诞节等节日。艾琳没有教我读祈祷词,但我在一本童书里发现了《主祷文》①。我能够背诵,因为我喜欢重复那些祈祷词。

---

① 基督教礼拜仪式中通用的祈祷文。

1955年我们回到布宜诺斯艾利斯时,我大约八岁,进入了一所英语学校读书。一天,在回家的公共汽车上,一个男孩对我说:"嗨,犹太人,你家老爹喜欢钱,是吗?"我不理解他的话,因为我父亲不喜欢钱。人们指责他浪费,他常常丢弃物品,我们从未富裕过。回到家,我向母亲讲了这件事,并且问她:"那个男孩是什么意思?"我母亲感到愤怒。她将我从这所英国学校转到裴斯塔洛齐学校——一所德语学校。

这听起来不可思议:在英语学校里出现了一起反犹事件,怎么解决这个问题?——把孩子转入德语学校!不过母亲的直觉是正确的。"二战"之后,德语学校严厉禁止一切和纳粹有关的事物。

但对于犹太教,到那时为止,我一无所知。我的外婆去犹太教堂祈祷,我十三岁时,外婆让我接受犹太男孩的成人礼①。她请人教我诵读祈祷词,我重复别人教我的话,却不知道自己在说什么。就这样,我完成了成人礼。

---

① bar mitzvah,犹太男孩十三岁时举行的成年仪式。

今天,您和犹太教之间是一种怎样的关系?

从成人礼开始,我对犹太教产生了兴趣——就像对其他宗教的兴趣一样。我被《塔木德》①深深吸引,吸引我的是它的论证方式以及它和上帝的关系。天主教的魅力在于它为一种虚构关系所构建的体系,这个体系又被合乎逻辑地解释。阅读有关三位一体的讨论时,我如痴如醉,觉得它胜过一切科幻小说,因为它的论证展现出精巧的技术,以证明不可能事物的存在。我的图书馆有很大一部分献给了神学书籍。

宗教对您的意义是什么?

我的兴趣在于宗教里的两种内容。一种是出于仪式感需求而形成的仪轨——我坚信,我们需要仪式,它让我们的生活更单纯,我试着让它进入所有的日常:不愿再考虑早餐吃什么、餐具和咖啡如何摆放等问题。琐事不应该占据我的大脑,因而形成了仪式。而宗教规定各种仪式,指引我们思考。

---

① 指犹太人口耳相传的记录犹太教律法条例和传统的法典。成书于公元 3 世纪到 5 世纪。

我不喜欢宗教教义。普遍适用的答案和不允许讨论的答案，都不是我想要的，不管是迈蒙尼德的法典还是基督教的信条，它们与文学背道而驰。文学在于质疑，教义来自定论。基督教教义教给我们最简单的借口：事件发生了，因为上帝有他的理由，而我们不懂得上帝的理由。但我想质疑，即使存在诸多限制。

《塔木德》有趣得多。它强迫我们与上帝对话。在《塔木德》的一个段落中，一位拉比说了些什么，另一位拉比反驳道："但是《传道书》①里有其他的说法！"他们得出结论：答案可能在《传道书》里，但问题来自《塔木德》。两位拉比继续讨论，进而得出了另一个结论，而上帝说过的话，他们始终没提到一个字。最后先知以利亚对上帝说："你在等什么？你的拉比对你的箴言视而不见，却听信他人的话。"上帝笑答："我的孩子们已经超越了我。"

---

① 犹太教宗教经典《塔纳赫·圣录》中的一卷。

父 亲

您的父母是怎样的人？

我的父母都是性格鲜明的人。直到成年后，我才了解他们。我的父亲是个好人，但他严厉且保守的母亲令他痛苦。父亲的母亲，我们叫她"瘦祖母"，这样就可以区别于母亲的母亲，我们叫她"胖（外）祖母"，是个非常好的人。"瘦祖母"为人呆板严厉，她把她的丈夫赶出家门，因为他欺骗了她。我们小时候一直认为，"瘦祖母"的丈夫应该不在这个世界上了。当我快要三十岁时，我的弟弟发现我们的祖父还活着，但已经生命垂危。我的父亲就在这样的阴影中长大，他有一个姐姐和两个兄弟，他必须自己找到属于自己的路。

我父亲向我们讲述，他曾依靠卖报和咖啡馆小提琴演奏的收入,艰难度日,但我不确定这个故事的真实性,因为我父亲常常撒谎。最后他成了律师。他的一位朋友是庇隆①的亲信。那个时期,庇隆向纳粹出售护照,他们打算战后潜逃,离开德国。出于这个原因,许多纳粹分子生活在阿根廷,这激起了犹太人的愤怒。以色列于1948年建国,政治经验丰富的庇隆决定向以色列派驻大使。父亲的朋友在一次拜访庇隆时带上我父亲同往。庇隆对我父亲颇有好感,对他说:"您是犹太人——您愿意担任驻以色列大使吗?"就这样,1948年,我的父亲作为大使被派往以色列。

阿根廷是当时世界上最富裕的国家之一。它在"二战"中保持中立,能够向交战双方(包括盟军和德军)出售武器。在以色列,我的父亲拥有很多权限,我认为他也促成了一些进步。后来,我发觉他有一种不计后果的慷慨:他邀请整个家族来到以色列,包括几位小姨、舅舅、表兄弟,所有亲戚。

---

① 胡安·庇隆(Juan Perón,1895—1974),阿根廷民粹主义政治家,阿根廷正义党创始人。1946年至1955年、1973年至1974年间三次出任阿根廷总统。

我们返回阿根廷之后,我开始学习西班牙语,我试着和父亲建立亲近的关系,可我们始终保持着很远的距离。我们会有一些"重要时刻"——这是我的说法,例如父亲带我和弟弟们去理发店,陪我上学,购买外套,或者星期日带我们去餐厅。但我们之间从未有真正的交谈,我也无法向父亲询问私人问题。

我十三岁时——我的妹妹四岁,弟弟们分别是十一岁和十二岁,有一天,我拿起家中的电话听筒,偶然听到了父亲和一个女人的通话。我听得出,这是情人间的对话,我不知所措。这一刻,文学无能为力:从狄多①开始,我读过上千个婚外情故事,但此刻,我不知所措。我非常天真地跑去对父亲说:"对不起,我听到了您和那位女士的对话,可我不懂,我的母亲她……"他在狂怒中朝我咆哮:"住嘴!你不许向任何人提起一个字。"这时我知道,我和父亲之间从此再无对话的可能,我再也没有尝试亲近父亲。

很久之后,我在国外生活,父亲来巴黎或罗马时,我

---

① 根据古罗马诗人维吉尔的史诗《埃涅阿斯纪》的情节,迦太基女王狄多和特洛伊王子阿尼亚斯之间产生了一段异国恋情。

和他见过几次。那时我是个嬉皮士,留着长发。我们聊天、出游,但仅此而已。他不知道我在做什么。

您童年时,怎样在一种不同寻常的关系中与父母相处?

童年时,我就能够理解,我和父母的关系不同于我的朋友们和他们父母的关系。他们的父亲会带着孩子野营,看足球比赛——这些事后来我和自己的孩子都做了。我从没有,哪怕只是一个星期的时间,对孩子不闻不问,不知道他们在哪里、做什么。直到今天还是这样,虽然我的女儿已经超过四十岁。我无法想象一个人对自己的子女漠不关心。但是当我十九岁走出家门看世界的时候,我的父母不知道我在哪里。假如我在某处被人谋杀,他们可能一个月以后才会知道。

最后,我发现父亲同时还有另一段婚姻,他在乌拉圭和另一个女人结婚。他们有一个女儿,我同父异母的妹妹,我们之间的关系非常融洽,我刚结婚时就认识了她,那时我父亲正带她周游欧洲。之后我们没再见过面,直到五十年后,我回到阿根廷。再度相遇,我们感到很亲切，她有美满的家庭。

那时我父亲和我们度过周末——周五、周六、周日，一周的其他几天在乌拉圭的另一个家里。我母亲显然知道实情，但她没有采取任何行动，作为妻子，她妥协了。他们没有因此而离婚，即使总有激烈的争吵。哦，我们不知有多么痛恨这些声嘶力竭的战争！我弟弟非常担心我们的小妹妹，终于有一天（那时我已经搬走），他说："如果你们不离婚，我就带着妹妹离开你们。"于是母亲对父亲说："我们应该离婚。"父亲离婚后非常忧伤。我同父异母的妹妹曾向我讲述父亲临终时的凄凉，她必须照顾父亲，因为她母亲拒绝这么做，这是一个可怕的故事。

我母亲离婚后同样不幸，因为她再也无法和我父亲在一起。许多年后，二弟曾在电影院见到我们的父母，他们紧紧拥抱，一起看电影。从此我懂得，我们不可以评价他人间的关系。我们不理解，一无所知。

母　亲

您的母亲是怎样的一个人？

我的母亲完全不一样。她是最小的孩子，还有六个姐姐和一个兄长，她是被所有人宠爱的人。母亲在布宜诺斯艾利斯一所图书馆担任馆长秘书，馆长是位语言学者。母亲喜爱诗歌，特别是西班牙黄金时代的诗歌，她会吟诵并歌唱。母亲风姿出众，喜爱社交，于是认识了父亲并嫁给了他。她是埃娃·庇隆①的好友。我们从特拉维夫返回布宜诺斯艾利斯之后，埃娃常到我们的住所，邀请母亲同行，前往巴黎购物。我儿时记忆中的母亲，是一位

---

① 埃娃·庇隆（Evita Perón, 1919—1952），胡安·庇隆的第二位夫人。在庇隆担任总统期间，埃娃积极贯彻庇隆的"社会革命"主张，被尊为阿根廷的"国母"。

极其美丽的女士,她身着迪奥晚礼服,华饰轻裘,款款赴宴。她的聚会一场接一场,而我就留在艾琳身边。这已经是一幅年代久远的图画。我知道她是我的母亲,但我所认识的,只是一个从未弯下腰抱起我的美丽女人。

十年前,她在九十三岁高龄时去世。母亲临终,二弟向母亲提出了一个他此前从未提出的问题。"为什么我是三兄弟中唯一没有受犹太割礼的孩子?"我的两个弟弟出生在父亲驻以色列的使馆中。母亲回答:"你出生时,政府在布宜诺斯艾利斯举行了盛大的宴会嘉奖你的父亲。我必须从特拉维夫飞回布宜诺斯艾利斯赴宴。我们没有时间等待为你举行割礼。"

如果这是小说里的场景,我必须非常小心地描写,才能抑制自己内心解释的冲动。因为根本没有解释。对母亲而言理所当然:"有场华丽的晚宴,我为什么不能前往?"

似乎您的父母还不知道孩子意味着什么。

有很多父母不知道。我一生都感到惊奇:我们学习阅读、书写、走路,学习摆放餐具、驾驶汽车,但没有人教我们如何做父母。直到我们成为父母。我还记得我的大女儿出生时，我是多么惶恐。她提早来到了这个世界上，我爱这个小生命，但我该怎样抱她？我们怎样度过这一夜？为什么我们不去学习如何做父母？这是一项绝对必要的能力。我们为什么不去了解，哪些责任将随之而来，永久改变我们的生活，让我们再也不能无牵无挂？直到最后一次呼吸，我都会牵挂着我的孩子们。为什么没有人提前告诉我？

回到我的母亲这里。我们1955年回到阿根廷之后，我母亲开始改变。我们有了交谈，她对我的事情充满兴趣，例如我学校的功课、我的朋友，以及我为博尔赫斯朗读，并因此结识了其他作家，等等。我相信，这让她感到很骄傲。更让她满足的是成为祖母。弟弟约翰尼的女儿出生后，新生儿成了母亲生命里唯一的焦点。她日夜照看孩子，我们之前从未感受过母亲这样全心投入。她作为自己孩子的母亲没有做到的一切，现在作为祖母，她做到了。

这会在您的内心激起怎样的感受呢？

我有艾琳，也许我在潜意识中感到庆幸，因为我不必为了她而与他人竞争。我拥有一位全能的家长，她一个人包揽一切，只为我而存在。

在艾琳身边长大的经历，是否影响了您和自己孩子之间的关系？

我一直希望有孩子，并且我认为，我们在依靠直觉学习如何做父母。我的孩子们打出生起，就各有特点，我们立刻能看出他们各自独立的人格。我试着激发他们的个性，给予他们自己做决定的自由空间。我从不惩罚孩子——有一些小惩罚，但我没打过他们。我和儿子的关系非常好，我们的幽默感相通，他曾对我说，他不相信我在生气，因为在这样的时刻，我总是带着少许笑意。的确，那时我总对自己说，"真是个机灵的孩子"。他的猜测虽然是错的，但很聪明。每当我生气的时候，这情景便会闪现。

阿根廷国家图书馆馆长

2015 年,您被任命为阿根廷国家图书馆馆长,这个职位在 1955 年至 1973 年由豪尔赫·路易斯·博尔赫斯担任。得知您获得任命的消息,我第一时间想到:阿尔维托·曼古埃尔继承了博尔赫斯的遗产。

您说的这些,最初是我打算拒绝接受任命的理由,但后来,也成了我接受任命的理由。我必须说明,我并非博尔赫斯的继承人。博尔赫斯是独一无二的,就像但丁或莎士比亚,如果我们说某人是"新的但丁"或"新的莎士比亚",就像某些出版物的宣传语,那完全是荒谬的。所以当时我想,这很荒谬,我不能跟随博尔赫斯亦步亦趋。可我又想起博尔赫斯说过的一句话:谦虚是最坏的傲慢。于是最终决定:我不可以傲慢地拒绝这项任命。

成为国家图书馆馆长是属于博尔赫斯的荣誉,是在庇隆政府倒台后,对他的一种认可。庇隆曾试图诋毁博尔赫斯——不是庇隆本人,他没有读过博尔赫斯的书,是他的亲信意图诋毁,因为博尔赫斯拒绝加入其阵营。庇隆倒台后,维多利亚·奥坎波①及其他一些学者提议任命博尔赫斯为国家图书馆馆长。这个任命的象征意义令他欣喜,他欣然就任,因为他感到他仿佛生活在自己描写过的那个天堂里。

博尔赫斯是一位训练有素的图书馆员吗?

他不是。我上任后很快理解,成为图书馆员必须在大学进行专业学习。博尔赫斯并非专业图书馆员。他在图书馆办公,向秘书口授文字,聆听书籍朗读,与朋友和记者见面,沉浸在书的世界里。他是图书馆的象征,具体的事务由其他人完成:预算、管理、编目等。何塞·埃德蒙多·克莱门特是在博尔赫斯身边负责具体事务的人。

---

① 维多利亚·奥坎波(Victoria Ocampo,1890—1979),阿根廷女作家,西尔维娜·奥坎波的姐姐,是阿根廷 20 世纪最具影响力的文化人物之一。

两人曾经合作撰写过一本关于布宜诺斯艾利斯方言的书。

时隔多年,重返阿根廷,您有什么感受?

我和阿根廷的关系就是我和布宜诺斯艾利斯的关系。我在布宜诺斯艾利斯出生,几个月后离开,在八岁时重返这座城市。我在这里接受了学校教育,度过了整个高中时代,直到1969年,那是我心智发展的关键时期,由此形成了一种与地方的深刻联系。接着,我去了欧洲,我从别国的角度看到了军事独裁以及庇隆主义的后果。庇隆主义是一种民粹主义的意识形态,包含了从极左到极右的倾向。曾有法国记者问庇隆,庇隆主义是什么,他回答:"在阿根廷,30%是保守派,30%是自由派,20%是社会主义者,1%……"记者又问:"可哪些人是庇隆主义者呢?"庇隆回答:"全部都是。"面对这样的场面,想到那些被迫流亡、被迫害,甚至被杀害的朋友,阿根廷于我,是一个已经分离,但依然存在痛感的幻象之国。

当我五十年后归来,成为国家图书馆馆长时,我说:"我要走进国家图书馆。"当人们问我有关阿根廷的问题时,我回答:"我生活在国家图书馆。"我把全部焦点集中在此。

您就任之后有过哪些计划?

我计划让图书馆成为一个国际化的机构,就像博尔赫斯此前设想的那样。我与三十多个国家的图书馆建立了合作关系,包括美国国会图书馆,德国、法国和西班牙的国家图书馆等。我还曾倡议设立国际交流项目和奖学金。然而,阿根廷人非常本土化,他们仅重视本国发生的事情,其他的一切在他们看来都是外国势力的煽动,所以这些计划都没能实现。博尔赫斯也曾对抗这种羁绊,并因此被批评不够爱国。他最重要的作品《虚构集》①无缘国家文学奖,当时获奖的是一部以高乔人为主题的小说。

如果阿根廷人如此本土化,他们为什么偏偏选择了您呢? 您曾离开这个国家。

毛里西奥·马克里②政府需要维护他们的社会声

---

① 小说集《虚构集》给博尔赫斯带来巨大声誉,含《小径分岔的花园》和《杜撰集》两个部分。
② 毛里西奥·马克里(Mauricio Macri, 1959—), 2015—2019 年任阿根廷总统。

望。因此我期望外界能够理解为什么是我,因为恰好存在我这样一个阿根廷人,以书籍和图书馆为主题写作,并且著作在三十五个国家出版。他们想的是:这个人是中立的,他不会批评我们,等等。

阿根廷政府对您满意吗?

满意和质疑并存。我为政府带来荣誉,满足了他们的期待,这是令人满意的。文化部网站的页面上,国家图书馆永远占据头条位置,人们这样报道:"国家图书馆收入了最负盛名的某某文集""国家图书馆邀请到玛格丽特·阿特伍德,并将在此举行作家在阿根廷的唯一一场朗诵会"。始终是这样的内容,他们感到非常满意。

我们获赠阿根廷最著名的私人图书馆——比奥伊·卡萨雷斯与西尔维娜·奥坎波藏书库,其中包括博尔赫斯所撰写的评论,以及所有相关的通信往来。馆藏资产折价一百万美元,我们最终以五十万拿下,并且还找到了赞助人为此筹集款项。为了吸引更多的赞助人,我每周到图书馆办公。国家图书馆名声大振。

然后,我开始表达我的主张。举个例子。20 世纪 70

年代，国家图书馆搬出了原本位于老城区墨西哥大道的美丽古宫殿，新馆位于一座怪异狰狞的塔内，今时今日仍在那里。这座建筑外观丑陋，从技术角度看，方方面面有太多不适合作为图书馆的地方。基什内尔夫妇①将古宫殿改造为民间芭蕾舞排演大厅。一座华美瑰丽的建筑，博尔赫斯曾在那里工作过，但我们已无权继续使用。古宫殿属于文化部，我试图使它重归国家图书馆。我计划在此设立博尔赫斯研究中心，收藏博尔赫斯注释过的所有书。我写信给全世界的出版社，向他们申请博尔赫斯作品的译本，我邀请学者前来，还做了其他一些努力。但是文化部部长态度有所保留，他并不想撤出民间芭蕾舞团。在一次新闻发布会上，我公布了获赠比奥伊·卡萨雷斯与西尔维娜·奥坎波藏书库的消息，我说："要感谢文化部部长，墨西哥大道的古宫殿将回归国家图书馆，我们的博尔赫斯研究中心也会在未来进驻。"这是我对政客耍的一点心机，但没有实现。文化部部长为此非常不快。

---

① 即内斯托尔·基什内尔（2003—2007年任阿根廷总统）和克里斯蒂娜·费尔南德斯·基什内尔（2007—2015年任阿根廷总统）。

在这段时间里,您学到了什么?

作为馆长,我立刻意识到,必须把书籍、写作,以及和阅读相关的一切放下。我要成为一个管理者,学习管理、行政,以及很多我并不喜欢的事。我感觉不知所措,不知道如何添购物资,只得硬着头皮学习。但我做得很好,进入了一个推动者角色。图书馆有员工近千人,其中大多数承担着非常专业的工作,他们是书籍编目、扫描、修复和采购的行家——这许许多多事情,我一无所知。我的一位朋友朱利安·唐曾在蒙特利尔的麦吉尔大学图书馆管理珍本书籍,一年前来到阿根廷,成为我的技术顾问,这让我感到无比幸运。如果没有朱利安的协助,恐怕第一年我就支撑不住了。

为什么没有从图书馆专业人士当中选择一位馆长呢?

在其他几乎所有国家,图书馆馆长一职都是由图书馆专业人士担任,而不是交给一个具有象征意义的人物;在其他几乎所有国家,图书馆都是独立于政府的存在。您能说出德国或瑞士的国家图书馆馆长是谁吗?然而在阿根廷，人人皆知。我在街头无处藏身，在咖啡馆里要时刻保持矜持。阿根廷国家图书馆属于政治机构，这很荒谬。而这里的馆长也极少懂得图书馆专业，他们是作家、政治家、哲学家，还有经济学家等。具体的任命常常由政府的喜好决定。

我成为馆长的时候，我想，他们应该知道我是中立的，因为我已经五十年没在阿根廷生活，也从未对政治表达过态度。但我必须明白，阿根廷的政治话语并非学术争论，而是类似于足球看台上流氓之间的对骂。一方嚷嚷"打倒这个！"，另一方嚷嚷"打倒那个！"，谁也不听谁的话。

例如？

到达布宜诺斯艾利斯之后不久，我乘坐出租汽车外出，司机在途中收听体育节目，两支阿根廷顶级足球队，博卡青年对战河床[①]。一位博卡青年队老球迷接受采访时表示："我永远支持博卡，可是上周日河床队场上表现

[①] 指博卡青年足球俱乐部与河床竞技俱乐部。

非常棒,而博卡队一塌糊涂。"紧接着若干电话接入,全是辱骂,仿佛是宗教狂热分子所为。政治完全一样。基什内尔派及庇隆主义者向来与非本阵营的政府唱反调,政府也针锋相对。没有一个党派承认其他党派也有正确的可能,他们绞尽脑汁干掉对方,甚至不惜违法。这就是马丁·菲耶罗的道德。

这一切您如何应对?

社会和公民责任感缺失的气氛令我无可奈何,与此前加拿大的生活经历有着天壤之别。我为图书馆事务竭尽全力,而政治派系争斗在四周汹涌翻腾。反对派的报纸上,无论我做什么都是邪恶的;政府的报纸上,我是永远正确的英雄。我每时每刻都被媒体关注,报纸头版是我的照片,我终于感受到媒体的强大。而反对派们却揪住一点纤毫之迹,大做文章。

后来呢?

我给您举两个例子。接手图书馆后,我所做的第一件事,是为纪念 2016 年博尔赫斯逝世三十周年,举办一场大型展览。国家图书馆内没有博尔赫斯的手稿,大部分手稿由美国的大学购买并收藏,于是我四处求告,终于在一名美国书商手中得到了《〈吉诃德〉的作者皮埃尔·梅纳尔》①的手稿,我认为这是20世纪和21世纪文学的奠基之作。手稿价值一百万美元,当我从纽约返航,保险公司派出武装护卫接机,以确保手稿安全到达国家图书馆。这是合情合理的安保措施,价值一百万美元——如果消息泄露,我一定会遭到袭击。然而,第二天早晨,反对派的报纸上写着:"军事独裁以来首度出现——新任国家图书馆馆长由武装护卫护送进馆!"至于手稿,只字未提。

结果如何?

没有结果。人们议论纷纷:"他以为自己是谁?"我不知道他们的目的。第二个例子。我曾在一次采访中表示:"我不会像之前的某位馆长那样,为妻子、姐妹和女儿安排国家图书馆的职位。"当然,我的亲属中也没有一位

---

① 博尔赫斯的短篇小说,收录于小说集《小径分叉的花园》。

专业图书馆员。这里插一句,前任馆长在一封信里咬定,"我没有为自家姐妹安排图书馆的职位!我仅安排了妻子和女儿"。接下来的事情是这样的。我有一位同姓曼古埃尔的侄女,三十年来,她一直在文化部担任秘书一职,其间经历了多届政府。于是反对派的报纸写道:"新任馆长看起来大公无私,却为自己的侄女谋得国家图书馆的职位。而且最坏的是,这位侄女从未在国家图书馆露面并工作!"这些问题无法回答,无从解释,没有人在意逻辑。

新闻界与我关系微妙,因此我接受采访时非常谨慎。环球邮报社位于多伦多,我曾在那里工作多年,这是一份值得我尊重的报纸[①],所以当他们提出采访请求,我欣然应允。然而,前来采访我的女记者竟然是基什内尔派成员,她歪曲了我所有的话。此前,她采访了前任馆长及其同僚,他们批评了我,其中一些表述出现错误。采访见报后,我在加拿大的朋友简直不敢相信自己的眼睛,他们来

---

① 《环球邮报》是加拿大最具影响力的报纸,也是加拿大唯一的全国性报刊。

信询问我。法国的线上刊物《媒体部分》①深挖了这个故事并且澄清了其中的错误。

这种情况下,要做成一些事,一定很难。

阻碍不仅来自政治。从少年时期开始,我一直支持工会并且参加过他们的示威游行,我一直坚信,工会对于维护工人权益意义重大。现在一种更好的工会却给我上了一课。阿根廷同时存在三个工会,彼此竞争。影响力是他们追求的唯一目标:成员越多,影响力越大。工会向职员承诺:"我们会保住你的饭碗。"这是一种收买。职员没有永久工作合同,每年续签一次。于是工会顺水推舟:"如果想在下一年续签合同,必须加入工会,否则我们就不考虑你了。"

一年期合同没有养老金,也没有其他权益。我曾计划将这些一年期工作合同转为普通工作合同,但没能实现。工会一直在和政府谈判,他们本应是抗争者。

我任职前不久,国家图书馆有一千名职员,政府认为

---

① 一家成立于 2008 年的法国调查媒体。

数量过于庞大。克里斯蒂娜·基什内尔政府任期内,国家图书馆录用了三百名职员。他们全无工作经验,几乎目不识丁,在馆内四处溜达,总是问:"我该做什么?"每月领着薪水,却从来没有提交过任何有益于图书馆的建议。因此,新一届政府决定裁员三百人。政府与工会私下会面,工会提供了解雇人员名单,全是非工会成员。政府最终裁掉了这三百人,丑闻轰动一时。我决定重新聘用他们,因为其中大部分是具有专业素养的图书馆员。而此前留任的大多数,只是因为他们和前任馆长的关系不错。

讲讲您在国家图书馆的工作日常。

我努力走遍全馆。那是一座可容纳千人的巨塔,连同地下室共有九层,人仿佛在迷宫里漫步。我拜访每一个部门,和每一位员工交谈,询问他们:"您从事什么工作?您需要什么?"其中一些部门的员工对我说:"三十年来,还没有其他馆长来过我们这里。"我曾遇见一位女士,她愤怒地看着我,我问道:"我看到夫人您并不赞同我的话。能否告诉我原因呢?"女士回答(姓名系虚构):"您解聘了莎拉·史密斯。这不公平,她是依靠薪水生活的。"

恰巧当天上午,我的助理前来汇报工作,他告诉我:"您看,这位莎拉·史密斯,她领了三年薪水,却从未露过一次面。我们一直为她将支票寄往距离布宜诺斯艾利斯三百公里的另一座城市。"于是我告诉这位女士:"您看,莎拉·史密斯三年来从未到馆工作,所以我们必须解雇她。"这位女士回答(绝无讽刺意味):"她如何每天到馆工作呢?她生活的地方距离这里三百公里呢!"

像是在听小说。

就算写在小说里,您也未必会相信,这过于夸张了。这样的事情还有很多。但同时我也看到了平凡人的日常生活,或许一个更好的表达是"伟大群体的微小日常"。他们终日忙碌,当你与之交谈,就能了解,他们依靠微薄薪水度日,是何等艰难。如果国家图书馆能够脱离工会政治,它会是个了不起的地方,这里的每个人都那么出色。

您担任馆长的时间有多长?

两年。我在 2015 年底接受任命,但我无法立刻到任,因为我必须结束普林斯顿大学以及哥伦比亚大学的课程。为此,我同样受到批判,阿根廷学者贝阿特丽·萨洛说:"这简直是丑闻!对于这样的职位,应该立刻放下一切。"阿根廷式的责任感:一个人负责讲授一门课程,这时出现了更好的机会,那就放弃手头的课以及上课的学生。

政府对文化毫无兴趣。文化部部长降格为文化秘书,至本届政府任期尾声,文化部已经名存实亡。每当我需要修理空调和灯光的资金,我就走进那个部门对他们说:"如果没有钱,图书馆将闭馆,这可又是一个大新闻!"作为每天登报的公众人物,我会利用这种影响力,让他们为我提供一些资金。但我精疲力竭。

您在国家图书馆的工作是怎么结束的?

在一个特定的时刻,我说:"我累了。"如果回到二十岁,我可能会选择留下,在前线死战到底。我的妹妹在图书馆附近为我找到一套不大的寓所。每天早晨六点,我在其他所有人之前到达图书馆,直到次日凌晨两三点返回寓所。我们有很多工作日程和晚宴等,一周工作七天。

我满怀热忱,因为我们在建立美好的事业。这是我一生中最重要的经历,我甚至愿意回过头立刻再经历一次。我只是希望自己多些精力,能继续前进。

阅读的能力

我们为什么阅读？

并非人人都在阅读。我们拥有文字文明,生活经验能够被书写。仿佛想象力和文字之间有一种纽带,它或许能为我们沟通两者,或许不能。博尔赫斯说过,阅读不是必需的,因为幸福感也不是必需的。爱情和幸福感无法勉强,事情可能会发生,也可能不会发生。画家詹姆斯·惠斯勒[①]说过,"艺术就是这样",西里西亚天使[②]说

[①] 詹姆斯·惠斯勒(James Whistler,1834—1903),美国画家,主要活跃于英国,提出"为艺术而艺术"的理念。他将音乐作曲的方法创造性地引入绘画创作,促成了色调主义的兴起与流行。

[②] 西里西亚天使(Angelus Silesius)原名约翰内斯·舍夫勒(Johannes Scheffler,1624—1677),其箴言诗《没有理由》中有一句"没有理由,玫瑰盛开因她要盛开"(《德语名诗100首》,胡蔚译,商务印书馆,2023年)。

过,"玫瑰花没有理由"。我们必须接受这一没有理由的馈赠。

少部分人读书,大多数人从不读书,但他们都过着幸福的生活。

对于这个问题,我曾经从多个角度寻找解答——社会学、政治学、心理学、经济学,但没有一种解释真正令人满意。也许可以这样解释,消费社会无法滋养阅读,因为消费社会需要消费者,而读者是不合格的消费者;这里不讨论书籍的消费。身为读者,我们一直在学习如何质疑,例如:"为什么我要花费五百美元购买这条有破洞的牛仔裤呢?就因为上头缝着古驰吊牌吗?"

消费社会是一种解释,另一种解释是政治。我认为政客不会扶持阅读活动。无论左翼还是右翼,政客离不开狂热的支持者。因此他们需要的,绝不是喋喋发问的读者:"您认为我国应该对移民开放?那么移民条件呢?允许哪些人进来呢?"如果您是政客,宣布"我国不会接纳移民",那么读者又会提出"可我们需要劳动力。并且如果我们不支持他们,他们会成为我们的敌人"。换成是您,也不愿硬着头皮回答这样的问题。

有些学者倡议,每个人都应该阅读,我向来不以为然。大多数学者自视高人一等,俯瞰大众,内心充满优越感。

读者是少数,在每一个社会都是这样。早期的美索不达米亚社会,书写者垄断了阅读权,只有书写者有资格对君主说:"这是法律规定。"垄断为他们带来巨大的权力,因为他们能够更改文字的解读方式。

有读写能力的人,向来很少,今时今日依旧如此,无论在美国、加拿大,还是瑞士。

您说的"读写能力"指什么?

读写能力有三个层次。第一个层次每个公民都可以达到:能写自己的姓名,能读懂公共指示牌上的文字——"厕所""右转""禁止入内"等。第二个层次指能够阅读报纸和小说,并且复述情节。第三个层次是一种稀缺能力,这一层次的读者能够将自己所读内容,转化为个人体验和世界经验的一部分,于是我就可以说:"这部小说可以作为我理解世界、聆听内心的一个参照,小说带我走进了我的困惑。"

我在这个层面的阅读中获取词汇,从而提出更好的问题。达到这个层次非常困难,因为我们的社会偏爱肤浅的表面,关注的总是眼前具体的时刻。这样的社会没有历史。中世纪对地狱的定义是:永久的当下之地。

您是指西方社会吗?

所有社会,例如阿拉伯国家。萨达姆当政时,我曾前往伊拉克。巴格达四处可见亚述帝国的神狮,它们有人面和双翼,但是伊拉克人和他们三千年的古老历史没有联系。阿拉伯社会的历史始于穆罕默德,伊斯兰教创立前的历史似乎无足轻重。而萨达姆执政下的伊拉克历史就从萨达姆·侯赛因开始。

我们的社会没有历史。推倒奴隶主和殖民地领主雕像的运动席卷世界,这不仅仅是否定某一个独裁者。毫无疑问,我们否定奴隶制度——然而同时也否定了历史。当下的种族主义不知从何而来,结束这种当下,可能是好事。我们会问:"它从哪里来?为什么我们会有种族主义?"如果对奴隶制度的历史一无所知,而这段历史的图像也被抹去,我们如何理解当下?当下是来自历史的回响。

为什么我们会失去和历史的联系?

历史总是在戳我们的脊梁骨。历史让我们知道,我们绝不清白,或多或少参与了历史进程中某个过错事件。在 20 世纪初的美国,对平权和民主的同情,与国家的经济权力产生冲突。陈规不再理所当然,人们对税务体系产生怀疑,因为即使纳税人没有孩子,仍然需要用纳税人的钱负担学校的经费,他们感到利益受损。为什么用自己的劳动成果为他人慷慨解囊?拒绝成全他人,也就必须拒绝过往——包括我们曾经的变迁和今日的模样。我们以自己的人生哲学和人生态度生活在当下,亨利·福特①曾为此摇旗呐喊——顺带提一下,亨利·福特同情纳粹。他说,每个美国人都可以为自己购置一辆汽车——并非意在分享,而是出于自身需求,因为福特必须销售他的小汽车。然后我们必须进行道路建设,不是为

---

① 亨利·福特(Henry Ford,1863—1947),美国著名企业家、汽车工业先驱,创办了福特汽车公司。

了社会大众，而是为我的爱车。

今天的我们是功过交织的历史的产物，但并非没有继续构建的可能。我们从过去走来，未来的面貌取决于今天的追求。千变万化，皆有可能，或是害虫，或是天鹅。

最后一页

您对宗教有兴趣,但未曾皈依。

我喜欢问题,不喜欢答案。我不信上帝,不相信死后的生活,也不相信灵魂存在——我不知道那会是一种怎样的存在。我理解的灵魂,是与身体关联的一切事物。脑出血的经历让我看得很清楚:一切都在脑海中上演。如果大脑停止工作,一切都将停止,之后什么也不会留下。

您认为宗教纯粹是人类的发明吗?

它们是美妙的、必不可少的虚构。存在主义哲学说:"承认死亡的必然性。在死亡真正降临之前,人始终活在一种非死亡的状态中。"直到死亡降临那一刻,我们都在辛劳地战斗,这就是人生。我不畏惧领悟死亡,因为我已经做了最充分的准备。苏格拉底说过,在他即将被处决的那天清晨,他开始学习吹笛。

这对大多数人而言并不容易。我们一直在创造具有象征意义的不朽:写书,生儿育女,储蓄金钱,从事政治,等等。

我想这样说有些过于简单。真正的奇迹,正如《魔山》所说,是向死而生。

是啊,托马斯·曼其实也可以说:"为什么写《魔山》,如果我必然会死去?"

怀有这种悲观的态度,如同相信长生不老,两者可能没有区别。我们可以说:"如果时间用之不竭,为什么现在写《魔山》?明天之后还有明天……"就像艾琳常说的谚语:"等明天,等明天,懒汉没有今天。"

您经历过若干次生命垂危。您怎样面对自己的死亡?

一种独特的生死体验。《格林童话》里有一则故事叫作《死神的使者》。死神不敌巨人,被击倒后当街伏地,一位年轻人偶遇并出手相助。于是死神说:"我必须感谢你,但我不能赦免任何人。所以,在我最后必须带走你的那一天到来之前,我会派出我的使者,这是我的回赠。"从此,年轻人一生无忧无虑,因为他知道:"死神的使者到来之前,我不会死。"一天,死神敲响了他的门,曾经的年轻人大惊失色地质问:"你曾保证,绝不直接上门! 你会事先向我派出你的使者!"死神听后回答:"你有过牙痛、头痛和四肢痛吗? 它们就是我的使者。"

我喜欢这个故事,我想,我所有的经历都属于这个死神使者游戏的一部分,游戏将在某个时刻结束。对这一点,我从无忧虑。痛苦令我恐惧,但生命结束这个事实本身不会。精彩的一生,与众不同的体验! 这是我读过的最好的书,最后一章怎样书写,我拭目以待。

您面对死亡,竟没有一丝恐惧,这的确令我不可思议。

也许这是来自阅读的启发。每本书必然有最后一页。永远被续写,是书籍不能承受之远:《永远讲不完的故事》[①]不是我喜欢的书。

---

① 德国作家米切尔·恩德(Michael Ende,1929—1995)的代表作。

虽然《格林童话》里的死神使者早已上门传信给我，但直至今日，我所经历的死亡仍是某个旁人的离去。我不害怕，无论发生什么。我在《逝者》中讨论死亡的话题，讲述失去以及这种经历给我们的启示。我们从失去中学习，因为在失去之前，我们尚不理解其意义。

在时间的长河里，在每一个社会，始终如此。20世纪中叶，汽车成为我们最重要的代步工具后，田径教练比尔·鲍尔曼①出版了《慢跑》，第一本歌颂人类双脚的书。随着因特网和电子媒体兴起，阅读作为主题才进入了写作者的视野，这同样不是偶然：人们害怕失去阅读习惯，于是兴趣被重新唤起。

回忆失去的事物，是我们的需求。

话虽如此，不惧死亡，极其罕见。

我有什么理由恐惧呢？我曾希望但丁的《神曲》永不结束，但我知道，这本书必须结束，否则我无法忍受。我

---

① 比尔·鲍尔曼（Bill Bowerman, 1911—1999），著名田径教练，耐克品牌创始人之一。他的畅销书《慢跑》出版之时，正值慢跑运动风靡美国，销量过百万册。

们的交谈,就算它如此有趣,如果永远进行下去,我们也将无法承受。

我经历的生活很丰富、很精彩、很快乐,每天都有惊喜。博尔赫斯常说,我们都认识天堂和地狱,因为没有一天我们不在经历痛苦和快乐的瞬间。这些瞬间里已经蕴藏着巨大的财富。然而对我而言,更可贵的是这一切终将结束的必然性,也就是我的生命结束的必然性。肉体将会瓦解,我希望能够滋养昆虫或花卉。我不相信重生,死亡就是画上了句号,英语里叫作"完全停止标记"。2000年,《纽约时报》就过去两千年里的惊人发明这一主题,邀请多位作家撰文。我选择了句号。

是否因为您很幸福,所以您与死亡和解了?

完全正确。我的人生美好,无比幸运,令我受之有愧。我非常确定我将死去,这让我感到幸福。这一段朴素的经历也属于每个读者:每本书都有最后一页、最后一个字、最后的句号。

里斯本图书馆

眼下是 2020 年 9 月,您正在为再次迁往里斯本做准备工作。您有什么感受?

因为本次行程的目的地是葡萄牙,我正在重读路易斯·德·卡蒙斯①的《卢济塔尼亚人之歌》。卡蒙斯创造了一个精彩的角色。瓦斯柯·达·伽马的舰队即将启航,离开里斯本,寻找新大陆,此时一位长者在岸边对他说:"你们不会到达任何地方!这样的远航向来结局悲伤。"现在我开始重读它,因为我有些迷信。但其他所有人都满怀激情。

---

① 路易斯·德·卡蒙斯(Luís de Camões,约 1524—1580),伟大的葡萄牙民族诗人,他的作品代表文艺复兴时期葡萄牙文学的最高成就。1572 年,他发表了史诗《卢济塔尼亚人之歌》,描写航海家达·伽马远航印度的经过。

图书馆新址在哪里?

在里斯本老城的一座宫殿里,美轮美奂。这座建筑空置十五年至今,但是建筑物的状况良好。所有的书都在运输途中,从蒙特利尔发往里斯本。它们会在 10 月初到达城市档案馆,在那里进行分类编目。这项工作需要时间,但是这些书已经在木箱中封存如此之久,一年或两年的等待可以忽略。

拥有一座图书馆,对您有什么意义?

我的书籍定义了我的身份。从儿时起,书籍就是我了解世界的窗口,是我描述世界的词汇。因为图书馆给了我对自身和世界的认同感,我总是需要一本本书在我身旁。蒙迪翁的图书封存装箱后,我感到我仿佛已经死去。现在这些书即将再次回到书架上,它们的回归,就是乔治·斯坦纳所谓"真实的当下",将成为对我无比重要的时刻。我内心的狂喜不宜外露,这是一点迷信,但我确信:图书馆的落成,也是我的重生。

私人图书馆不同于公共图书馆。

我爱图书馆——每当我抵达一座新的城市,图书馆总是我参观的第一站。可是,公共图书馆和私人图书馆完全不具有可比性。我的私人图书馆是我自身的一部分。我不仅拥有将启迪我智慧的爱书整理上架的权力,还能在书的内页书写、夹物,使它们成为我的书。在公共图书馆阅览书籍,如同在博物馆欣赏艺术,它们不同于自己寓所墙壁上的画作和书架上的书。

在里斯本,您的私人图书馆将会成为一座公共图书馆。

我想起了艺术史学家阿比·瓦尔堡[①]的遭遇。瓦尔堡依照直觉的指引建立了自己的图书馆,书与书之间有着若干除他本人之外无人能懂的关联。恩斯特·卡西尔[②]曾登馆读书,然而仅五分钟后便请求他人带他离馆,唯恐自己理智崩溃。

---

① 阿比·瓦尔堡(Aby Warburg,1866—1929),19 世纪末至 20 世纪初最重要的德国艺术史学家之一,"图像学"的先驱。
② 恩斯特·卡西尔(Ernst Cassierer,1874—1945),德国哲学家、符号学家。

然而阿比·瓦尔堡在秘书弗利茨·撒克塞尔的劝说下,将自己的图书馆面向研究者开放。之后不久,瓦尔堡进入精神病院治疗。这当然不是撒克塞尔的错,但我完全能够理解阿比·瓦尔堡的内心。那就像一个人打开了他的思想之门,门外的人由此踏入他私密的思想空间。陌生人长驱直入,众目睽睽之下,暴露了一个人的写作以及他关联事物的方式。如果一个人的思想空间被他人入侵,他必须找到一种力量捍卫自我。

我将自己的图书馆向公众开放,首先是出于一些实际的考虑,否则只能将图书馆封闭在木箱里,毕竟在别处我可能无法找到如此巨大的空间,与当年在法国相当。我面临两种选择:让爱书重回殿堂,或者因为自私,将它们封闭保存。我知道开放图书馆会带给我不适,但我会想方设法与这种不适和平共处,同时那种感觉始终存在,当有人从我的书架上抽出一本书时,我想敲他的手指,告诉他:"不准碰!"

您的图书馆花落里斯本,背后有怎样的故事?

与我合作的葡萄牙中国颜料出版社在去年 10 月邀

请我出席《迷人怪物》新书首发式。此前,他们出版了我的《封存图书馆》。他们在午餐会上问我:"现在那些书怎样了?"我告诉他们,书可能会永远留在蒙特利尔,之前的计划全部落空。这时,我的一位出版人芭芭拉·布罗萨对我说:"让我和市长谈一谈这个话题,他可能有兴趣。里斯本的文化机构百花齐放,但我们还缺少一座国际化的图书馆。"时任市长费南多·梅迪纳即刻拍板:"就这样做。请您转告阿尔维托,他来这里,然后我们签署协议。"疫情大暴发后,我再度失去了希望,但是终于,协议成功签署,并且由我担任图书馆馆长。我不敢相信这是真的,就像一个童话故事。

现在的图书馆是一个什么类型的文化机构呢?

按照计划叫作"阅读史研究中心",当然呼应了我的《阅读史》。之前提过,20世纪90年代早期,我开始研究书籍时,几乎没有其他出版物从读者角度研究阅读。我开始筹备相关图书:以书籍为主题的书,以图书馆为主题的书,以写作技术为主题的书,等等。这样一来,图书馆的核心藏书将围绕阅读史建立。在这里,研究者们将展开他们对写作和阅读的思索。

我向许多人写信,询问他们是否愿意担任新馆理事,他们在回信中纷纷提议:"我很高兴成为理事,不过我们为何不在这里办个研讨会呢?我会带领我的学生们前来。"人们对阅读史研究中心津津乐道。

我曾在南特港①连续多年举办文学节,在热那亚港②也举办过几届,我还在加拿大开设了六年文化新闻学课程。所以我认识许多人文领域的研究者,他们接受了我的邀请,我非常高兴。

---

① 位于法国西部大西洋沿岸的卢瓦尔河口。
② 位于意大利半岛西北海岸的热那亚湾顶端,是意大利最大海港之一。

疫情何时休

2020 年是不同寻常的一年,不仅是对全世界,也是对您的私人生活而言。我们对谈期间,许多变化已经发生。

这说明,生活就是变动不居。纽约的生活非常惬意。从寓所出发,可以直接步行去剧场,晚六点结束工作后,我们可能一时兴起说,噢,去听音乐会吧,或者去看戏!做个路人,步伐轻快愉悦。纽约这座城市有太多东西值得了解,它总是让人兴致勃勃。我们结识了许多风趣的人,邀请他们共进晚餐,谈笑风生。这种舒适感,可能与我们并非美国公民有关。作为客居美国的加拿大人,我们能够毫无负担地置身事外,超然旁观。

随后,灾难从天而降,在它仅有星点苗头时,我已经看到其中暗涌酝酿。疫情大流行，我们只能闭门不出，仿佛软禁。夏季，我们前往蒙特利尔。疫情中迁居，是彻底的荒诞。我们有三四个月的时间暂住在旅馆，无可奈何，不知所措。

我们的谈话从您不安的预感开始。回顾一下那种即将发生巨变的感觉：您到底在期待什么？

对于可能发生什么变化，我没有预期。这听起来有些神秘感，但也可以说是一种把握之感，相信自己可以在变化中应对自如。我原以为变革会因种族问题引发的激烈冲突而到来，在某种程度上，"黑人的命也是命"运动就体现了这一点。但我没料到病毒突然来袭。人类本应有所准备，病毒学家们反复强调，问题并非疫情大流行是否会到来，而是它何时到来。从生物学角度看，人类体质相对脆弱，而城市聚居更为病毒传播提供了便利。我们本应知道这些。

我们已经在疫情中度过了一年。这段经历可以让我们学到什么呢？

日本作家村上龙有一本小说叫《战争在海对岸开始》，但是，疫情无处不在：通布图①和巴黎的人都戴起了口罩，意大利人和乌拉圭人都受到病毒的威胁。一旦感知到外部威胁，我们寻求的不再是差异的区分，而是团结的纽带。疫情大流行之前，我们在新闻里看到叙利亚战争阴云下的受害者，看到希腊海岛上的逃亡者，看到中美洲的毒品战争——外部世界的某个地方总有苦难。疫情大流行之下，再也不存在外部。人类就是人类，因为所有人类都是病毒感染的牺牲品，毫无差别。所以我期待着，我们从这段经历中学会理解一种属于全人类的认同感。

这个想法很美好，然而现实并不美好。现在是冬季，每个夜晚，我躲在温暖的床上时，都会想起希腊海岛和巴尔干地区在帐篷下栖身的难民。

不必去想希腊或巴尔干那样遥远的地方。在纽约，根据法律规定，即使在疫情大流行期间，房东依然有权驱赶无力缴纳房租的人。《纽约时报》上每天刊登令人揪心

---

① 位于西非大国马里中部的历史名城。

的图片：在这个地球上最富有的国家，一家人站在严冬的街头，没有食物，没有工作。但如果有人这样对待一条狗，动物保护协会可能会出手干预。

现状就是这样：人和人并不相同。我们身处优越的环境。但许多人对自己的优越一无所知。

新篇章

现在是 2020 年 12 月,您在里斯本已经度过了三个月的时间。习惯这里的生活吗?

我的住处所在的大街很短,可街名很长——安东尼奥·德·索萨·德·马赛多①博士大街。我很好奇他是谁。经过查阅,原来如此:德·索萨·德·马赛多是文艺复兴时期的学者和政治家,使用葡萄牙语、西班牙语和拉丁语写作。查理一世执政时期②,他担任葡萄牙驻英国

---

① 安东尼奥·德·索萨·德·马赛多(António de Sousa de Macedo,1606—1682),葡萄牙外交家、作家、记者,为建立葡萄牙民族自信心、推动葡萄牙民族独立做出了巨大贡献。
② 英王查理一世 1625 年至 1649 在位。

大使,后来在克伦威尔掌权时期①,继续维护着葡英关系。太有趣了!我正在以这个主题写作。我得学习葡萄牙历史和各个时代的宗教故事。德·索萨·德·马赛多对"命运论"情有独钟。命运决定人生,这个主题贯穿整个葡萄牙文学,葡萄牙语 fado 即命运②。但丁作品里的命运女神转动着命运之轮,她感到不解,为什么人类如此担忧命运的好坏。但这些与她无关,她只是转动轮盘。

您以书为媒,结缘里斯本。您的日常生活是怎样的?

我热爱这里的语言,不过流畅的葡萄牙语还需要时日。我常常听不懂周围人的谈话,于是我会请求他们重复,然后我们就可以开启一场对话。葡萄牙人的气质深深吸引我。我不想冒昧地给他们贴标签,但我想说,那是北非和欧洲两种文化的精华经过一种独特方式混合后透出的气息。当地社会拥有合理的基本结构,但日常生活

---

① 奥利弗·克伦威尔在 1649 年至 1658 任英国护国主,是实际上的统治者。
② fado 是葡萄牙语中一个充满文化意涵的词,既可直译为"命运",也特指葡萄牙国宝级传统音乐形式,被称为"葡萄牙的灵魂之声"。

的组织绝不死板——相对于德国而言。城市节奏缓慢，非常适合我的年纪。一切事物都是慢的，一种令人舒适的慢，它不同于折磨人的拖沓，我在其他国家曾对后者深有体会，每一件事的完成都令人疲惫不堪，以至于在压抑的情绪里久久无法自拔。这里的慢，绝不是这样的。

您开始了一种新生活，再次出发。

事实上有些疯狂。我快七十三岁了。就像一本好书读到最后，突然发现后面还有一章。我曾幻想在世界各地居住，我可能喜欢住在威尼斯、马德里、汉堡，或者是苏格兰北部的小岛上。可是葡萄牙里斯本，从未想到。

我希望我还有一点时间可以享受这一切，并且将新建中心的工作继续下去。距离中心建成，大约还有两年时间。很多人向我提供帮助，为中心的活动出谋划策，所有人都希望能来参观——有一种被人喜欢的感觉。但我年逾七十，健康状况已不再是最好的时候，这一点我非常清楚。

您在屏幕上显得非常健康！

（笑）书好书坏，不看封面。

作者生平及作品

1948　阿尔维托·曼古埃尔于3月13日在布宜诺斯艾利斯出生。不久后,他的父亲被任命为阿根廷驻以色列第一任大使。举家迁往特拉维夫。阿尔维托·曼古埃尔由德国-捷克籍保姆艾琳照料,艾琳陪伴他度过幼年时期。

1955　全家返回布宜诺斯艾利斯。

1961　进入布宜诺斯艾利斯国立中学。

1964　阿尔维托·曼古埃尔成为豪尔赫·路易斯·博尔赫斯的朗读者。

1967　进入布宜诺斯艾利斯大学学习文学,一年后中断学业。

1968　进入新成立的伽勒那出版社工作。

1969　巴黎和伦敦:担任多家出版社编辑和审稿人。

1972　布宜诺斯艾利斯:阿根廷《民族报》记者。

1974　米兰:弗朗哥·马里亚·里奇出版社编辑。

1975　与保利娜·安·布鲁尔结婚。

1976　塔希提岛:太平洋出版社出版人。女儿爱丽丝在英国出生。

1977　巴黎:继续为太平洋出版社工作。

1978　英国萨里郡米尔福德村:创立 RAM 出版社,出版少量书后解散。

1979　女儿蕾切尔在英国出生。回到塔希提岛继续为太平洋出版社工作,直到 1982 年。

1980　文集《想象地名私人词典》出版,这是阿尔维托·曼古埃尔的第一本出版物,与詹尼·瓜达卢皮合作完成。阿尔维托·曼古埃尔出版了四十多本书,此处仅精选其中若干本。

1982　儿子鲁珀特在英国出生。全家迁往多伦多。成为自由作家。

1986　与保利娜·安·布鲁尔离婚。

1988　获得加拿大公民身份。

1990　与克雷格·斯蒂芬森相识。

1991　《来自异国的消息》出版。

1996　《阅读史》出版。此书被翻译成三十五种语言。

1997　法国阿尔萨斯大区塞莱斯塔。

1998　加拿大卡尔加里市：卡尔加里大学讲师。《走进镜子森林》(*Into the Looking Glass Wood*)出版。

1999　迁入蒙迪翁的牧师住宅（法国普瓦图-夏朗德大区），阿尔维托·曼古埃尔在这里建立了自己的私人图书馆。

2000　《可以阅读的图像》出版。

2003　小说《棕榈树下的史蒂文森》(*Stevenson Under the Palm Trees*)出版。

2004　《阅读日记》(*A Reading Diary*)出版。

2005　小说《过度歧视的爱人》(*Un amant très vétilleux*)和《回归》(*El regreso*)出版。

2006　《夜晚的书斋》(*The Library at Night*)出版。

2007　《语词之邦》(*The City of Words*)出版。《荷马史诗：〈伊利亚特〉和〈奥德赛〉》(*Homer's the "Iliad" and the "Odyssey"*)出版。

2008　小说《人人都说谎》(*Todos los hombres son mentirosos*)出版。

2015　位于蒙迪翁的私人图书馆撤馆,阿尔维托·曼古埃尔为此撰写《封存图书馆》。《好奇心》出版。与克雷格·斯蒂芬森结婚。迁往纽约,任哥伦比亚大学及普林斯顿大学讲师。

2016　阿尔维托·曼古埃尔成为阿根廷国家图书馆馆长。

2018　返回纽约。《封存图书馆》出版。

2019　《迷人怪物:德古拉、爱丽丝、超人等文学友人》出版。

2020　8月:迁往蒙特利尔。9月:迁往里斯本,阿尔维托·曼古埃尔将私人图书馆赠予里斯本市并在此成立"阅读史研究中心"。